大学新生训练教程

主　编　莫　铭　田祖国

副主编　曹志刚　李　祥　罗婉红

参编人员（排名不分先后）

王　珂　杨　烨　尹　岳　张　清

邓中付　阳佳美　何丽苹　杨　卯

胡宇挺　王超超

主　审　朱国军

湖南大学出版社·长沙

图书在版编目（CIP）数据

大学新生训练教程/莫铭，田祖国主编. —长沙：湖南大学出版社，2022.8（2023.9 重印）

ISBN 978-7-5667-2306-2

Ⅰ.①大…　Ⅱ.①莫…　②田…　Ⅲ.①大学生—入学教育—高等职业教育—教材Ⅳ.①G715

中国版本图书馆 CIP 数据核字（2021）第 181883 号

大学新生训练教程

DAXUE XINSHENG XUNLIAN JIAOCHENG

主　　编：莫　铭　田祖国	
责任编辑：王桂贞	
印　　装：长沙鸿和印务有限公司	
开　　本：787 mm×1092 mm　1/16	印　张：12.75　字　数：242 千字
版　　次：2022 年 8 月第 1 版	印　次：2023 年 9 月第 2 次印刷
书　　号：ISBN 978-7-5667-2306-2	
定　　价：48.00 元	

出 版 人：李文邦

出版发行：湖南大学出版社

社　　址：湖南·长沙·岳麓山　　邮　　编：410082

电　　话：0731-88822559（营销部），88821594（编辑室），88821006（出版部）

传　　真：0731-88822264（总编室）

网　　址：http://www.hnupress.com

电子邮箱：wanguia@126.com

目　次

第一章 导 论

大学生入学教育与训练是整个大学生涯的起点，是新生入学后大学生涯的第一课，起着成才发展的"导航"作用，是一项十分重要的基础性工作，同时也是加强和改进大学生思想政治教育的重要载体和手段。大学生入学教育与训练可以帮助学生树立正确的世界观、价值观、人生观和荣辱观，使其明确学习目的、端正学习态度、增强学习动力；帮助他们了解和适应大学生活特点和基本要求，顺利完成从中学到大学的角色适应与角色转变，使他们从入学开始就能步入科学的发展轨道。大学生入学教育与训练主要包含如下三个方面的内容。

一、国防教育

（一）国防教育概述

"兵者，国之大事，死生之地，存亡之道，不可不察也"。自古以来，有国必有防，国不可一日无防，这是历史和现实告诉我们的经验和教训。一个国家、一个民族最重要的是生存与发展的问题，这是关系到国家和民族生死存亡、荣辱兴衰的根本大计。

国防是指国家为防备和抵抗侵略，制止武装颠覆，保卫国家主权统一、领土完整和安全而进行的军事以及与军事有关的政治、经济、外交、科技、教育等方面的活动；是国家生存与发展的安全保障，也是国家固有的职能。因此，国防随着国家的产生而产生，随着国家的发展而发展，最终也将随着国家的消亡而消亡。从国防的本义上看，国防是国家的防务，是全民族的防务，与国家的各个部门、各种组织以及全体公民都息息相关。加强国防建设，进行国防斗争，必须依靠国家各个方面的综合力量。

国防教育是以增强公民的国防观念、掌握国防知识、树立爱国情感和强化国家安全意识为目的，是有组织、有计划、有规范内容和特定形式的教育活动。《国防教育法》规定，每年9月的第三个星期的星期六为全民国防教育日。国防教育的目的归结为四个方面：第一，通过国防教育，使公民树立国防观念；第二，通过国防教育，使公民掌握必要的国防知识；第三，通过国防教育，增强国民保卫国防的责任；第四，通过国防教育，强化公民的国防安全意识。国防教育的主体是国家。一切国家机关、政党、社会团体、企事业单位和其他社会组织，都有权利和义务做好普及和加强国防教育的工作。全体公民都有接受国防教育的权利和义务。国防教育的方针是："全民参与、长期坚持、讲求实效。"国防教育的原则是："实行经常教育与集中教育相结合、普及教育与重点教育相结合、理论教育与行为教育相结合。"

国防意识是一个国家的公民抵御外侮、捍卫祖国的独立和主权、维护国家的尊严和安全的主观认识。习近平总书记在党的十九大报告中强调："我们的军队是人民军队，我们的国防是全民国防。我们要加强全民国防教育，巩固军政军民团结，为实现中国梦强军梦凝聚强大力量！"这为确立适应时代发展要求的现代国防意识提供了根本引领。为了确保国家的长治久安，我们不仅要在物质上增强国防实力，还要在思想上增强全民族的国防意识，筑起牢固的"精神长城"。

（二）大学生进行国防教育的必要性

国防关系到国家的存亡、民族的兴衰。如果说国防是民族生存之盾，那么国防意识就是民族生存之魂。增强忧患意识，做到居安思危、知危图安，中国特色社会主义道路才会越走越宽广。强烈的国防意识是一种重要的精神力量，是制止战争、威慑敌人的重要因素。古今中外的历史告诉我们，当战争恶魔降临时，人们的国防意识比较容易培养；而当身处和平年代时，人们的国防意识会随着时间的推移而渐趋淡化。但可以预测的是，未来战争的胜负不仅取决于战场上的角逐，而且可以说在很大程度上取决于今天宁静校园里预先而无声的较量。青年学生只有在头脑中绷紧"国防弦"，从思想上筑起抵御侵略、保卫祖国的屏障，抒发蕴藏在他们内心深处的民族自尊心、自信心和爱国情感，将来才能自觉投入到建设国防和保卫国防的斗争中，成为筑牢中华民族钢铁长城的生力军。从这一层面来说，加强对青年学生的国防意识教育意义深远，梁启超曾说过："故今日之责任，不在他人，而全在我少年。"作为 21 世纪振兴中华的当代青年学生，国防意识是其必须具备的基本素质。

（三）国防教育的基本要求

当前国际战略环境主要特征为：世界形势总体稳定，但局部动荡；大国关系相对稳定，各国相互联系和依存日益加深；霸权主义依然存在并呈现新的特征。国防法规作为国防活动的基本法律规范，其主要任务是调整和规范国家在国防领域中的各种社会关系，把国防建设纳入法制化轨道，确保革命化、现代化、正规化建设总目标的实现。

当代青年要肩负起历史赋予的重任，就必须化爱国之情为报国之行，刻苦学习，锤炼自己，把满腔的爱国热情化为报国之行。成才是青年人的追求和渴望，也是祖国和时代的需要和呼唤，要科学地确立成才的目标和方向，做祖国现代化需要的人才。[①]

1. 要具有坚定的政治方向

大学生要把崇高的共产主义思想和强烈的爱国热情与具体的奋斗目标结合起来，拥护中国共产党的领导，坚定不移地走社会主义道路，建设中国特色社会主义。大学生要全心全意为人民服务，把自己的学习和工作同国家的前途和人民的利益紧密结合起来，遵纪守法，有效抵制各种错误思想的侵蚀。

2. 要具有丰富的科学文化知识和研究问题、解决问题的能力

大学生要立足面向世界、面向未来、面向现代化，勤奋学习，掌握知识，提高能力，要敢于向已有科学成果挑战，敢于向未知的新领域进军，勇敢地去实践，去探讨。当代学生是否具有强烈的开拓和创新能力关系到我国科学的兴衰。

3. 要具有健全的心理人格

当代学生要做到：对国家、人民有强烈的爱心；对社会主义建设事业有强烈的责任感；对待人生，积极奋发，不消极颓废，不得过且过；对学习、工作兴趣广泛，求知欲望强烈，勤奋刻苦，有创新精神，有自信心，奋斗目标明确，意志坚定；对他人情操高洁，易于合作，有团队精神。

二、日常行为管理教育

在日常生活中须自觉遵守以下行为准则。

---

① 徐伟主编. 高等职业教育"十三五"规划新形态教材 大学生入学教育［M］. 北京：北京理工大学出版社，2018.09.

（1）维护祖国的利益。不得参与任何有损祖国尊严和荣誉、违背四项基本原则、危害社会秩序的活动，反对破坏安定团结的行为。

（2）遵守宪法和国家的各项法律、规定。努力做维护民主和法制的典范，反对无政府主义。

（3）维护各民族的平等、团结、互敬关系。尊重不同民族的风俗习惯和宗教信仰，反对损害民族团结的行为。

（4）坚持社会主义、集体主义。个人利益要服从国家利益、集体利益；同学之间团结友爱，互相学习，互相帮助；关心集体，反对极端个人主义。

（5）坚持实事求是原则。说话要有事实根据，办事力求从实际出发；正确开展批评和自我批评。

（6）热爱劳动，积极参加社会实践。积极参加公益劳动、生产劳动和勤工俭学活动，虚心向工人、农民学习。

（7）发扬艰苦奋斗精神。勤俭节约，不浪费水、电、粮食，不向学校和家庭提出超越实际可能的生活要求。

（8）注重个人品德修养。服饰整洁，讲究卫生；诚实可信，谦虚谨慎；说话和气，待人有礼；男女交往，举止得体；尊敬师长，尊重他人；敬老爱幼，乐于助人；勇于同不良行为作斗争。

（9）积极参加体育锻炼和健康的文化活动，增进身心健康。

（10）勤奋学习，刻苦钻研。在努力完成各项学习任务中树立科学性和革命性相结合的学风。

（11）维护教学秩序。遵守学习纪律，考试不作弊。

（12）维护公共秩序。遵守公共场所的有关规定，不扰乱秩序，不起哄；遵守学校校园管理制度，不打架斗殴，不赌博，不酗酒，不观看、传播反动、淫秽书刊和声像制品；不在禁烟区吸烟。

（13）遵守宿舍管理规定。按时熄灯就寝，不喧哗、打闹，不影响他人的正常学习和休息；不损毁和私自拆装宿舍设备；不留宿异性；未经有关部门同意，不留宿校外人员。

（14）爱护公共财物。保护公共设施，爱护花草树木；珍惜教学、科研设备；损坏公物要赔偿。

（15）遵守外事纪律。在涉外活动中不做有损国格、人格的事；与外国留学生平等、友好相处；对外籍教师和国际友人以礼相待，不卑不亢。

1995 年，国家教委颁布的《中国普通高等学校德育大纲》中明确指出，大学生要养成高尚的社会主义道德品质和文明行为习惯。

三、心理健康教育

大学生心理健康已经渐渐成为社会关注的焦点。一些因心理问题休学、退学的大学生不断增多，自杀、凶杀等反常或恶性事件不时见诸报端，使社会对大学生心理健康问题的关注越来越多。常见的大学生心理问题主要表现在环境适应问题、学业压力引起的焦虑、人际关系障碍、与恋爱和性有关的心理困扰、与择业求职有关的心理困扰等方面。增进心理健康的方法有如下几种。

1. 实践法

（1）通过开设心理健康教育课程和相关课程，以课堂讲授为主，对学生系统地讲授心理健康知识，如"大学生心理卫生学""大学生心理学""社会心理学"等课程；定期举办心理健康讲座，有针对性地宣传心理健康知识，如"新生心理适应""考试心理""如何走上社会——毕业生心理"等；开设心理训练实践课程，以训练学生心理行为为主，如"大学生行为指导"课程等。这些课程深受同学们的喜欢。

（2）通过学校的传媒手段普及心理健康知识。可利用大学生黑板报、校内交流刊物、广播、网络等，宣传心理学知识，造成声势，扩大影响。

（3）发动学生进行自我教育、自我保健。成立大学生心理健康教育自助性组织，开展同龄人帮助，如朋辈咨询。积极开展丰富多彩的心理健康教育活动，如心理健康教育周、大型心理咨询活动、各类宣传活动、校园情景剧大赛等。

（4）做好积极的心理干预，建立三级保健网络，即班级（学生心理保健员）—系级（班主任）—校级（心理中心）之间的联系，定期培训学生心理保健员和班主任，普及心理保健知识，以积极的预防保健为主。

2. 调查法

（1）开展新生心理普查，建立新生心理档案，掌握新生心理健康状况，为高校人才培养、德育工作提供依据；特殊的学生要给予跟踪关怀。

（2）专题调查，为心理健康教育提供依据，如"大学生心理健康现状调查""贫困生心理状况调查""大学生睡眠状况调查""优秀大学生心理健康调查"等。

3. 访谈法

（1）做好心理咨询，帮助学生自我调节。对心理压力大的学生，可以通过心理咨询的专业帮助，经过交谈、协商、指导、领悟，帮助学生达到自助的目的，走向健康。心理咨询可以采用个别咨询或团体咨询的方法，有必要的可进行心理治疗。

（2）对新生，在进行心理普查的基础上，约请有关同学，了解其进校后情况以及周围同学情况，以利给予及时帮助。

（3）走访年级导师、班主任，针对学生普遍问题，采用开放式的问答方式，开展小型心理健康讲座，帮助学生共同成长。

心理健康教育的途径和方法很多，要在实践的基础上不断地总结，不断地完善，不断地提高。

第二章 队列队形训练

队列队形是体育教学的主要内容和必要形式，也是日常集体活动必不可少的组织手段和方法。队列是在一定队形下的协调而统一的行动，队形是为协同动作而采取的队伍排列形式。队列队形练习经常是结合在一起的，队列要在一定的队形下进行，队形又必须以队列的内容为基础，这样才能达到队列队形练习的基本要求。

在体育教学实践中，队列队形练习是上好体育课和开展体育活动的重要基础。在体育教学中运用队列队形练习，有助于合理地组织学生参与体育活动，有效地集中学生的注意力，有助于教师完成教学任务，提高教学质量。

▶▶▶ 第一节 队列队形概述

一、队列队形练习的定义和作用

队列队形练习是指有一定的队形，按照统一的口令进行协同一致动作的活动。队列队形练习对于培养学生的组织性、纪律性和集体主义精神，以及培养学生"团结、紧张、严肃、活泼"的作风；促进学生身体的正常发育，形成正确的姿势；训练动作的节奏感和提高协同一致的集体动作能力，都有十分重要的作用。在体育教学中，有目的地进行各种队列队形的变换，可以培养学生辨别方向、位置和图形造型的能力，并可起到集中学生注意力、提高兴奋性的作用。另外，把队列队形作为体育课组织教学的措施，调动学生做操、游戏、比赛、分组练习等，更有助于完成课程任务。

二、队列队形练习的基本术语

（一）队列队形术语

（1）列：左右并列成一排为列。一般从右到左按高矮顺序排列。

（2）路：前后排列成一行为路。一般从前到后按高矮顺序排列。

（3）横队：由"列"组成的队形称横队。一般横队的宽度大于纵深。

（4）纵队：由"路"组成的队形称纵队。一般纵队的纵深大于宽度。

（5）间隔：相邻者左右之间的间隙叫间隔。一般为一拳（约 10 cm）。

（6）距离：相邻者前后之间的间隙叫距离。一般为一臂（约 75 cm）。

（7）排头：位于纵队之首或横队右翼者为排头。

（8）排尾：位于纵队最后或横队左翼者为排尾。

（9）基准：被指定作为看齐目标者称基准。被指定作为基准者应举手示意（除排头排尾者外）。

（10）翼：队列左右两端叫翼。左端为左翼，右端为右翼。

（11）伍：成二列或数列横队时，前后重叠者称为伍。各伍人数与列数相等时叫满伍，人数少于列数时叫缺伍。

（12）步幅：一步的长度（前后脚脚跟之间的距离）叫步幅。

（13）步速：每分钟所走的步数叫步速。

（14）步度：步速和步幅的总称叫步度。

（15）口令：指挥动作时，指挥员下达的口头命令叫口令。它包括指示词、预令和动令三部分。有的动作只有预令和动令，如"向右——转"；有的动作只有动令而无预令，如"立正"；有的动作三部分都有，如"面向单杠（指示词），向左向右（预令）——转（动令）"。

口令的种类很多，根据动作的不同做法，下达的方法一般可分为以下四种。

①短促口令：其特点是只有动令，没有预令，如"立正""稍息"等。

②断续口令：其特点是预令和动令之间有停顿（微歇），如"成体操队形，散开""第×名，出列"等。

③连续口令：连续口令的特点是预令的拖音与动令相连，有时预令与动令之间有微歇。在队列队形练习中，运用连续口令的动作很多。通常有下列几种喊法：

A. 两拍法：预令和动令在两拍中完成。如行进中的"立定"口令，预令"立"字在左脚（第一拍），动令"定"字落在右脚（第二拍）完成。

B. 三拍法：预令和动令在三拍中完成。如行进中的"向右转走"口令，预令"向右"在右脚（第一拍），"转"字在左脚（第二拍），动令"走"字落在右脚上（第三拍）。

C. 预令延长法：适当延长预令拖音的时间。多用于队伍大、人数多、年龄小、训练程度较差的学生，如"向右看——齐""向左——转"等。

④复合口令：兼有断续口令和连续口令的特点，是断续口令和连续口令相结合的一种口令。如"以××为基准，向中看——齐""左转弯，绕场行进，齐步——走"等。

下达口令的基本要领如下。

①发音部位要正确：下达口令用胸音或腹音。胸音（即隔膜音），用于下达短口令；腹音（即由小腹向上提气的丹田音）多用于下达带拖音的口令。

②掌握好音节：下达口令要有节拍，预令、动令和微歇有明显的节奏，使队列人员能够听得清晰。

③音色、音量不要平均分配：下达口令一般起音要低，由低向高拔音。如"向右看——齐"，"齐"字发音要高。

④突出主音：下达口令时，把重点字的音量加大。如"向左——转"要突出"左"字，"向前×步——走"要突出数字。

（二）队列队形练习术语要求

队列练习是指按照一定的队形做协调一致的动作。队形练习是指在队列的基础上，做各种队形和图形的变化。两者往往是不可分割的。因此，队列术语与队形术语也是密不可分的。在队列与队形练习中，指挥者能否选择适当的词句来向练习者讲解，在一定程度上取决于指挥者对队列队形练习的名称、术语掌握和运用的程度。同样，练习者能否很好地领会指挥者的意图，也要看练习者对指挥者所运用的名称、术语理解的程度。如果练习者对于队列队形练习的基本名称、术语都能了解，而且都很熟练，那么队列队形练习就能顺利地进行。

三、队列队形练习中的指挥技巧

（一）发音方法

队列队形练习的指挥口令需要有一定的命令性，声音要有威严，因此发音方法也与平时说话时的发音方法有些区别。平时说话一般都是很自然地把声音说出去，不加任何其他的技巧和动作，仅仅是经过嘴唇送出就行。而指挥口令的声音不能直接送出，要通过喉部发声经过口腔的共鸣后才能喷出，也就是要把声音向内吞回，让声音在口腔中产生回响。因此，指挥员在指挥时身体一定要挺直，注意力要集中，收紧小腹。无论是提示口令还是调节口令，其方法都一样，指挥员要做到精神饱满，发音节奏清楚。

（二）语言在队列队形练习中的运用技巧[①]

1. 指挥口令的准确性

在队列队形练习中，指挥的口令一定要准确，队列队形练习往往是多人练习，口令是否准确关系到练习的整齐度和练习的质量。如果指挥者发出的口令出现偏差或是练习者对口令有不同的理解，那练习者就会无所适从，或者同一个口令出现多种动作，那就失去了队列队形练习协调一致的特点与风格。口令的准确是指挥技巧的表现之一，指挥口令与对应的动作是唯一的，要做到下达的口令不让练习者有多种理解，又能快速正确地理解。

2. 指挥口令的情感色彩要饱满

指挥口令的情感色彩也是指挥艺术性表现的重要方面。在队列队形练习中，指挥口令不能自始至终只有一种声调、一种情绪，要根据场面情况用不同的声调、语气和情绪进行指挥。练习开始时或场面不太整齐时应多用命令式语气，把指挥声调提高以求灌输练习内容和规范练习动作；练习者都进入了角色，练习效果比较好时，应该用柔和的语气，降低声调，用体现关怀和融洽的声音来指挥，使练习者轻松练习。切忌无论在什么情况下指挥口令的情感色彩都是雄赳赳气昂昂的，那样练习者会一直处在紧张的气氛当中，不利于教育，不利于练习者的身心健康，更不利于教师与学生之间的融洽。指挥口令情感色彩的把握取决于教师对练习场面情况的把控、对学生情绪的捕捉。

---

① 何墨若. 高校体育课基本体操练习中指挥口令艺术性的应用与探讨 [J]. 西南农业大学学报（社会科学版）2009，7（2）：209～201.

· 010 ·

3. 指挥口令的多样性

在队列队形练习中，指挥口令一定要多样化。丰富的语言是我们进行优质教育的重要手段，队列队形练习指挥口令的多样性也是指挥技巧的重要表现。自始至终采用简单的指挥方式将会使学生产生听觉和视觉疲劳，为了给学生不同的听觉和视觉刺激，我们就得采用多种指挥方式。可以交替运用语言指挥、动作指挥、小道具指挥，也可以用体育骨干指挥或学生集体指挥等方式，这样学生就会在不同的指挥方式中不断得到新的信息刺激，在练习中总有新鲜感，有利于提高其练习的积极性。指挥口令多样性的艺术效果在于丰富指挥的形式，激发学生练习的积极性。指挥口令多样性的艺术性要求教师活跃思想，多用"拿来主义"，借鉴其他多种艺术表现形式来加工指挥口令的表现内容。

4. 指挥口令的节奏感

队列队形练习动作中有很强的节奏，指挥口令应该像音乐一样节奏明显。如果指挥口令失去节奏，那学生将无法进行练习。集体的动作就是靠强烈的节奏来统一动作的律动，协调动作的整齐和规范。队列队形练习开始时，口令一定要有节奏感，节奏感好的学生就能整齐行动，如"齐步——走！"的口令应该用三拍完成，"齐步"占一拍，"步"的拖音占一拍，"走"占一拍。如果"步"的拖音太长或太短，学生就不能找到迈出左脚的节奏。另外，口令指挥中要注重节拍的强弱。一般说来，重拍落在左脚上，弱拍落在右脚上，预令稍弱，而动令要强，这样才能体现口令的节奏感，指挥口令才有命令性。掌握好口令的节奏是指挥好队列队形练习的关键。

5. 指挥口令的艺术性

语言是指挥艺术性的重要载体，在队列队形练习中，指挥口令语言是必不可少的，运用好语言的艺术可以大大提高队列队形练习的质量。准确是语言运用的基本要求，准确的语言是口令指挥艺术性表现的基础。在指挥练习中，语言准确能展示出口令的无他性和唯一性。为了展示指挥口令的艺术性，我们在指挥队列队形练习时不一定仅仅用标准的口令语言，还可以加入其他语言，只要语言合乎练习的节奏就行。在指挥练习中，我们的语言要做到准确、风趣、有节奏。语言的掌握是一个综合性的问题，除了常规的语言外，我们要应用许多大众语言进行指挥，如用"左键，右键"来替代"一二一"或"左，右，左"的口令。要根据情况用学生喜欢的语言进行指挥。但要注意，口令指挥的语言中，常规语言是基础，非常规语言仅仅是我们调剂情趣的手段，一样的非常规语言不可重复次数太多。

▶▶▶ 第二节　大学生队列队形训练内容

一、队列练习种类

队列练习有原地动作和行进间动作两类。

（一）原地动作

原地动作可分为原地转法和原地队列变化。原地队列常用动作有立正、稍息、看齐、报数、踏步及立定、集合及解散等。原地转法有向左（右）转、向后转等。原地队列变化有一列横队变二列横队及还原、一列横队变二路纵队及还原、一路纵队变二路纵队及还原等。

（二）行进间动作

行进间动作有便步走、齐步走、正步走、跑步走等各种步伐及其互换和立定，向前、向后、向左、向右移动，行进间向左（右）转走、向后转走，行进间队列变化（动作与原地队列变化相同，只是行进中做），左右转弯走，左（右）后转弯走，纵队与横队转弯走等。

二、队形练习种类

队形练习有图形行进、队形变化以及散开和靠拢三类。

（一）图形行进

图形行进有直线行进、斜线行进和曲线行进三种。直线行进有绕场行进、错肩行进等；斜线行进有对角线行进、交叉行进等；曲线行进有蛇形行进、圆形行进、螺旋形行进、"8"字形行进等。

（二）队形变化

队形变化包括分队、合队、裂队、并队和一路纵队依次转弯成多路纵队走等。

（三）散开和靠拢

散开和靠拢包括两臂间隔散开和靠拢，横队梯形散开和靠拢，纵队弧形向前、后散开和靠拢，依次散开和靠拢等。

▶▶▶ 第三节　队列队形训练动作要领①

一、原地队列动作

（一）常用动作

1. 立正（图 2-3-1）

立正是大学生应掌握的基本姿势，是队列动作的基础。大学生在宣誓、接受命令、升降国旗、奏唱国歌等严肃庄重的时机和场合，均应当立正。

口令：立正！

要领：两脚跟靠拢并齐，两脚尖向外分开约 60°，两腿挺直。小腹微收，自然挺胸，上体正直，微向前倾。两肩要平，稍向后张。两臂自然下垂，手指并拢自然微屈，中指贴于裤缝。头要正，颈要直，口要闭，下颌微收，两眼向前平视。

图 2-3-1　立正

2. 跨立（图 2-3-2）

跨立即跨步站立，主要用于训练等场合，可以与立正互换。

口令：跨立。

要领：左脚向左跨出约一脚之长，两腿挺直，上体保持立正姿势，身体重心落于两脚之间；两手后背，左手握右手腕，拇指根部与外腰带下沿或者内腰带上沿同高；右手手指并拢自然弯曲，拇指贴于食指第二节，手心向后。

---

① 蔺新茂. 体操［M］. 重庆：重庆大学出版社，2017.

图 2-3-2　跨立

3．稍息（图 2-3-3）

口令：稍息！

要领：左脚顺脚尖方向伸出约全脚的三分之二。两腿自然伸直，上体保持立正姿势，身体重心大部分落于右脚。稍息过久，可自行换脚，动作同前。

图 2-3-3　稍息

4．看齐（图 2-3-4）

向左（右）看齐的口令：向左（右）看——齐！

要领：排头（或排尾）不动，其他人员向左（右）转头，眼睛看左（右）邻人腮部，并通视全线。后列人员向前对正、看齐。

向中看齐的口令：以某人为基准，向中看——齐！

要领：当教师指定"以某人为基准"时，基准学生左手握拳高举（体育课不持器械时，可举右手），听到"向中看——齐"的口令后，将手放下，其他学生按照

图 2-3-4　看齐

向左（右）看齐的要领实施。

看齐时，左右间隔（指两肘的间隙）为 10 cm（约一拳），前后距离为 75 cm（约一臂之长）。看齐完毕则发"向前——看"口令，学生听到口令后，立即将头转正并恢复立正姿势。

5. 报数

口令：报数。

要领：横队从右至左（纵队由前向后）依次以短促、洪亮的声音转头（纵队向左转头）报数，最后一名不转头。数列横队时，后列最后一名报"全到"或"缺×名"。数路纵队时，右路最后一名报"全到"或"缺×名"。

6. 踏步

口令：踏步——走！

要领：两脚在原地上下起落，抬起时，脚尖自然下垂，离地面约 15 cm；下落时，前脚掌先落地，上体保持正直，两臂按齐步或跑步摆臂的要领摆动。听到"前进"的口令，继续踏两步，再换齐步或跑步行进。听到"立定"口令，左、右脚各踏一步成立正姿势。做原地跑步时，口令是"原地跑步——走！"。

7. 敬礼（图 2-3-5）

A. 举手礼

口令：敬礼。

要领：上体正直，右手取捷径迅速抬起，五指并拢自然伸直，中指微接太阳穴，约与眉同高，手心向下，微向外张（约 20°），手腕不得弯曲，右大臂略平，与两肩略成一线，同时注视受礼者。

B. 注目礼（图 2-3-6）

要领：面向受礼者成立正姿势，同时注视受礼者，并目迎目送，右、左转头不超过 45°。

图 2-3-5　敬礼

图 2-3-6　注目礼

8. 礼毕

口令：礼毕。

要领：行举手礼者，将手放下；行注目礼者，将头转正。

9. 坐下

（1）徒手坐下。

口令：坐下。

要领：左小腿在右小腿后交叉，迅速坐下（坐凳子时，听到口令，左脚向左分开约一脚之长；女大学生着裙服坐凳子时，两腿自然并拢），手指自然并拢放在两膝上，上体保持正直。

（2）携便携式折叠写字椅坐下。

要领：当听到"放凳子"的口令，左手将折叠写字椅提至身前交于右手，右手反握支脚上横杠，左手移握写字板和座板上沿，两手协力将支脚拉开；然后上体右转，两手将折叠写字椅轻轻置于脚后，写字板扣手朝前，恢复立正姿势。当听到"坐下"的口令，迅速坐在折叠写字椅上。使用折叠写字椅的靠背或者写字板时，应当按照"打开靠背"或者"打开写字板"的口令，调整折叠写字椅和坐姿；组合使用写字板时，根据需要确定组合方式和动作要领。

（3）背背囊（背包）坐下。

要领：听到"放背囊（背包）"的口令，两手协力解开上、下扣环，握背带；取下背囊（背包），上体右转，右手将背囊（背包）横放在脚后，背囊（背包）正面向下，背囊口向右（背包口向左）；按照口令坐在背囊（背包）上。

10. 蹲下（图 2-3-7）

口令：蹲下。

图 2-3-7　蹲下

要领：右脚后退半步，前脚掌着地，臀部坐在右脚跟上（膝盖不着地），两腿分开约 60°（女学生两腿自然并拢），手指自然并拢放在两膝上，上体保持正直。蹲下过久，可以自行换脚。

11. 起立

口令：起立。

要领：全身协力迅速起立，左脚取捷径靠拢右脚（蹲下时，右脚取捷径靠拢左脚），成立正姿势。携背囊（背包）起立时，当听到"取背囊（背包）——起立"的口令后，按照放背囊（背包）的相反顺序进行。携便携式折叠写字椅起立时，当听到"取凳子——起立"的口令后，按照放折叠写字椅的相反顺序进行。

12. 集合

集合，是使单个大学生或分队等按照规范队形聚集起来的一种队列动作。集合时，指挥员应当先发出预告或者信号，如"全班注意"，然后，站在预定队形前的中央，面向预定队形成立正姿势，下达"成××队——集合"口令。所有人员听到预告或者信号，原地面向指挥员成立正姿势；听到口令，跑步到指定位置面向指挥员集合（在指挥员后侧的人员，应当从指挥员右侧绕过），自行对正、看齐，成立正姿势。

口令：成班横队（二列横队）——集合！（图 2-3-8）

要领：基准学生迅速到班长左前方适当位置，成立正姿势；其他学生以基准学生为准，依次向左排列，自行看齐。成班二列横队时，单数学生在前，双数学生在后。

口令：成班纵队（二路纵队）——集合！（图 2-3-9）

要领：基准学生迅速到班长前方适当位置，成立正姿势；其他学生以基准学生为准，依次向后排列，自行对正。成班二路纵队时，单数学生在左，双数学生在右。

图 2-3-8　成班横队（二列横队）

图 2-3-9　成班纵队（二路纵队）

13. 解散

口令：解散。

要领：队列人员迅速离开原列队位置。

（二）原地转法

1. 正方向转法（图2-3-10、图2-3-11）

图 2-3-10　正方向转法（向左）

图 2-3-11　正方向转法（向后）

口令：向右（左）——转！或：向后——转！

要领：以右（左）脚跟为轴，右（左）脚跟和左（右）脚掌前部同时用力，向右（左）转体90°，身体重心落在右（左）脚上，左（右）脚靠拢右（左）脚，成立正姿势。转动和靠脚时，两腿挺直，上体保持立正姿势。向后转时，按向右转的要领向后转体180°。

2. 斜方向转法（图2-3-12）

口令：半面向右（左）——转！

要领：按向右（左）转的要领向右（左）转体45°。

图 2-3-12　斜方向向左转

（三）原地队列变化

1. 一列横队变二列横队及还原

口令：成二列横队——走！成一列横队——走！

要领：变换前，先报数。听到口令，双数者左脚后退一步，右脚向右跨一步，左脚向右脚靠拢，并站到单数者之后，自行看齐。还原时，双数（后列）左脚左跨一步，右脚向前上一步，左脚向右脚靠拢，回至原位，自行看齐。二列横队变四列横队及还原时，做法与一列横队变二列横队相同，但做前应调整前后距离。

2. 一列横队变三列横队及还原

口令：成三列横队——走！成一列横队——走！

要领：先按 1 至 3 报数。所有 2 数不动，1 数左脚向左前上一步至 2 数前面，3 数右脚向右后退一步至 2 数后面，自动看齐。还原时，1、3 数动作方向与上相反，回到原位自动看齐。

3. 二列横队变三列横队及还原

口令：成三列横队——走！成二列横队——走！

要领：先按 1 至 3 报数。所有 1、3 数不动，前列 2 数右脚向右后退一步至 1 数之间，后列 2 数左脚向左上一步至 3 数之间，自动对正、看齐。还原时，2 数动作方向与上相反，回到原位自动看齐。

4. 一路纵队变二路纵队及还原

口令：成二路纵队——走！成一路纵队——走！

要领：变换前先报数。听到口令，双数者右脚右跨一步，左脚向前一步，右脚向左脚靠拢，进到单数右侧，自行对正看齐。还原时，双数者（右路）右脚后退一步，左脚左跨一步，右脚向左脚靠拢，回至原位，自行对正、看齐。二路纵队变四路纵队及还原时，做法与一路纵队变二路纵队相同。做前应调整左右间隔。

5. 一列横队变二路纵队及还原

口令：向右成二路纵队——走！向左成一列横队——走！

要领：全体向右转，随之按一路纵队变二路纵队的要领去做。还原时全体向左转，随之按二列横队变一列横队的要领去做。二列横队变四路纵队及还原时，做法与一列横队变二路纵队相同。做前应调整前后列距离。

二、行进间队列动作

（一）各种步伐、互换和立定

1. 齐步

齐步是大学生行进的常用步伐。

口令：齐步——走！

要领：左脚向正前方迈出约 75 cm 着地，身体重心前移，右脚动作同左脚；上体正直，微向前倾；手半握（拇指贴于食指第二节）；两臂自然摆动，向前摆时肘部弯曲，小臂自然向里合，手心向内稍向下，拇指根部对正衣扣线，并与第五衣扣同高，离身体约 25 cm。行进速度每分钟 116～122 步。

2. 正步

正步主要用于分列式和其他礼节性场合。

口令：正步——走！

要领：左脚向正前方踢出约 75 cm，腿要绷直，脚尖下压，脚掌与地面平行，离地面约 25 cm，落地时全脚掌着地并适当用力；身体重心前移，上体正直，微向前倾；手指半握（拇指贴于食指第二节）；向前摆臂时，肘部弯曲，小臂略平，手心向内稍向下，手腕摆到第三、四衣扣之间，离身体约 10 cm；向后摆臂时，摆到不能自然摆动为止。右脚动作同左脚。行进速度为每分钟 110～116 步。

3. 便步

便步用于行走、操练后恢复体力及其他场合。

口令：便步——走!

要领：用适当的步速、步幅行进，两臂自然摆动，上体保持正常姿态。

4. 跑步（图 2-3-13）

主要用于快速行进。

口令：跑步——走!

要领：听到预令，两手迅速握拳提到腰际，约与腰带同高，拳心向内，肘部稍向里合。听到动令，上体微向前倾，两腿微弯，同时左脚利用右脚掌的弹力跃出约 80 cm，前脚掌先着地，重心前移，两臂自然摆动。向前摆时，不露肘，小臂略平，稍向里合，两拳不得超过衣扣线；向后摆时，不露手。右脚动作与左脚相同。行进速度为每分钟 170~180 步。

①　　　　　　　　　　　　　　②

③　　　　　　　　　　　　　　④

图 2-3-13　跑步

5. 踏步

用于调整步伐和使队伍整齐。

停止间口令：踏步——走。行进间口令：踏步。

要领：两脚在原地上下起落（抬起时，脚尖自然下垂，离地面约 15 cm；落下时，前脚掌先着地），上体保持正直，两臂按照齐步或者跑步摆臂的要领摆动。

6. 礼步

礼步主要用于纪念仪式中礼兵的行进。

口令：礼步——走！

要领：左脚向正前方缓慢抬起，腿要绷直，脚尖上翘，与腿约成 90°，脚后跟离地面约 30 cm，按照脚跟、脚掌顺序缓慢着地，步幅约 55 cm，右脚照此法动作；上体正直，两臂下垂自然伸直、轻贴身体；手指并拢自然微曲，拇指尖贴于食指第二节，中指贴于裤缝。行进速度每分钟 24～30 步。

7. 出列、入列

单个大学生或分队出列、入列通常用跑步（5 步以内用齐步，1 步用正步），或者按照指挥员指定的步伐执行；然后，进到指挥员右前侧适当位置或者指定位置，面向指挥员成立正姿势。

（1）出列

口令：×××（或者第×名），出列。

要领：出列大学生听到呼点自己姓名或者序号后应当答"到"，听到"出列"的口令后，应当答"是"。位于第一列（左路）的大学生，按照本条上述规定，取捷径出列。位于中列（路）的大学生，向后（左）转，待后列（左路）同序号的大学生向右后退 1 步（左后退 1 步）让出缺口后，按照本条的上述规定从队尾（左侧）出列；位于"缺口"位置的大学生，待出列大学生出列后，即复原位。位于最后一列（右路）的大学生出列，先退 1 步（右跨 1 步），然后，按照本条有关规定从队尾出列。

（2）入列

口令：入列。

要领：听到"入列"口令后，应当答"是"，然后，按照出列的相反程序入列。

8. 立定（图 2-3-14）

口令：立——定（动令落在右脚）！

要领：齐步时，听到动令，左脚再向前移大半步着地，两腿挺直，右脚迅速靠拢左脚，成立正姿势。跑步时，听到动令，再跑两步，然后左脚向前移大半步（两臂不摆动）着地，右脚靠拢左脚，同时将手放下，成立正姿势。

9. 步伐变换

要领：步伐变换均从左脚开始。齐步换跑步，听到预令，两手迅速握拳提到腰

图 2-3-14 立定

际，两臂前后自然摆动；听到动令，即换跑步行进。跑步换齐步，听到动令，继续跑两步，换齐步行进。齐步、正步互换，听到口令，即换正步或齐步行进。

（二）移动

1. 前、后移动

口令：向前×（单数）步——走！后退×步——走！

要领：向前走时，按照齐步走的要领，向前一步走，不摆臂行进到指定步数停止。向后退时，从左脚开始，每退一步并脚一次，不摆臂，退到指定步数停止。

2. 左、右移动

口令：左（右）跨×步——走！

要领：上体保持正直，每跨一步并脚一次，其步幅约与肩同宽，跨到指定步数停止。

（三）行进间转法

1. 向右（左）转走

口令：向右（左）转——走！[动令落在右（左）脚]

要领：左（右）脚向前半步，脚尖向右（左）转约 45°，身体向右（左）转 90°时，左（右）脚不转动，同时出右（左）脚按原步伐向新方向行进。

半面向右（左）转走，按照向右（左）转走的要领转 45°。

2．向后转走

口令：向后转——走！

要领：左脚向前半步，脚尖稍向右，以两脚的前脚掌为轴，自右向后转体180°，出左脚按原步伐向新方向行进。转体时，两臂自然摆动，不得外张；两腿自然挺直，上体保持正直。跑步向后转走时，听到动令后，要继续跑两步，然后按上述要领做。

（四）行进间队列变化

1．行进间一列横队变二列横队

口令：成二列横队——走！（动令落在左脚上）

要领：单数者继续前进，双数者右脚向前迈一步，原地踏一步，第三步右脚向右跨一步至单数者后面，随之继续前进。

2．行进间二列横队变一列横队

口令：成一列横队——走！（动令落在左脚上）

要领：听到动令后，全体队员右脚向前迈一步，然后单数者（前列）原地踏两步，双数者（后列）向左前上两步至单数者的左侧，成一列横队前进。

3．行进间一路纵队变二路纵队

口令：成二路纵队——走！（动令落在右脚）

要领：单数者以小步前进，双数者出右脚进到单数者右侧，调整好间隔距离，恢复原来的步幅继续前进。

4．行进间二路纵队变一路纵队

口令：成一路纵队——走！（动令落在左脚上）

要领：排头继续前进，其余则以小步行进，待左路加大到适当的距离后，右路依次向左插到左路单数者的后面，并保持规定距离，恢复原步幅前进。

5．纵队与横队转弯走

（1）纵队左（右）转弯走。

口令：左（右）转弯——走！

要领：听到动令后，排头立即向左（右）转走，其余逐次行进至排头变向的位置时，亦向左（右）转行进。多路纵队转弯走时，基准学生用小步行进，外翼学生则用大步行进，并保持排面整齐，边行进边变换方向，转至90°继续前进。

（2）纵队左（右）后转弯走。

口令：左（右）后转弯——走！

要领：听到口令后，排头向左（右）后转体180°方向行进。其余依次行进到排头变向的位置，做法与排头相同，并随之继续行进。

（3）横队左（右）转弯走。

口令：左（右）转弯齐步——走！行进间时左（右）转弯走的口令：左（右）转弯——走！

要领：轴翼第一名踏步，并逐渐向左（右）旋转，同相邻者动作协调，外翼第一名用大步行进，注意掌握方向；其他人用眼的余光向外翼取齐，并保持排面整齐，愈接近轴翼者，其步幅愈小，待转到90°时踏步。

（五）图形行进

1. 直线行进

（1）绕场行进。（图2-3-15）

口令：绕场一周！

要领：全队在教师规定的场地边线行进。每到一角，排头带领自行转弯。

（2）错肩行进——即纵队迎面相遇的对走。有三种做法：

口令：从左（右）边——走！

要领：两路迎面相遇时，各靠左（右）边走过，彼此互错右（左）肩，间隔为一步。（图2-3-16）

口令：一路隔一路从左（右）边——走！

要领：各路参差隔开从左（右）边通过。（图2-3-17）

口令：从里（外）边——走！

要领：做前应确定基准学生。基准学生从里（外）边通过。（图2-3-18）

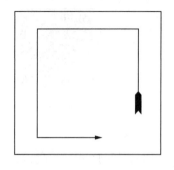

图 2-3-15　绕场行进

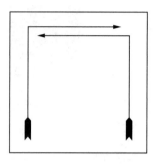

图 2-3-16　错肩行进①

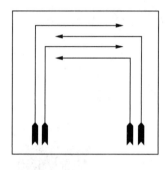

图 2-3-17　错肩行进②

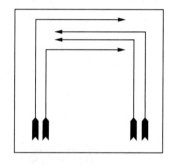

图 2-3-18　错肩行进③

2. 斜线行进

（1）对角线行进。（图 2-3-19）

口令：沿对角线——走！

要领：口令是在排头走近一角时发出。由一角转体 135°向相对的一角行进。

（2）交叉行进。（图 2-3-20）

口令：交叉——走！

要领：两路纵队斜向相遇，依次交叉穿过中点向不同方向行进。练习前，应指明哪队走在前。

3. 曲线行进

（1）蛇形行进。（图 2-3-21）

口令：成蛇形——走！

要领：听到口令后，排头左（右）后转弯走至一定距离后，再右（左）后转弯走，以此循环来回行进两次以上。

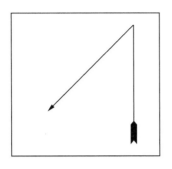

图 2-3-19　对角线行进

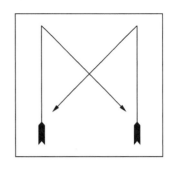

图 2-3-20　交叉行进

（2）圆形行进。（图 2-3-22）

口令：成圆形——走！

要领：口令是在排头走至场地某边中点时发出。听到口令后，排头以该中点至场中点的距离为半径，沿弧线用大步走成圆形。

图 2-3-21　蛇形行进

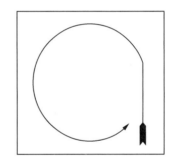

图 2-3-22　圆形行进

（3）螺旋形行进。（图 2-3-23、图 2-3-24）

口令：成开（闭）口螺旋形——走！

要领：排头循圆周向内做螺旋形行进到场地中心，排头自行向后转向相反的方向，由内向外成螺旋形走出来，其他学生依次由场地中心跟随排头走出来，成闭口螺旋形走。当排头旋绕至场地中心时，指挥员应发"立定和向后转"的口令，全体向后转，由原排尾带领按指挥员指示的方向继续前进，成开口螺旋形走。做开口螺旋形走时，应注意保持一定的间隔。

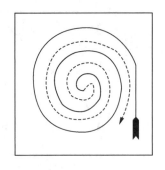

图 2-3-23 螺旋形行进　　　　　　　　　图 2-3-24 螺旋形行进

（4）"8"字形行进。（图 2-3-25）

口令：成"8"字形——走！

要领：练习前要先指明所通过的地点（一般是场中点），按"8"字形沿弧线走两个相连的圆形。排头遇队身时，依次交叉通过。

（六）队形变化

1. 分队走和合队走（图 2-3-26、图 2-3-27）

口令：分队——走！合队——走！

要领：听到分队走口令后，单数者左转弯走，双数者右转弯走。在两个纵队接近迎面相遇时，听到合队走口令后，左路左转弯走，右路右转弯走，右路依次插在左路后面，成一路纵队前进。

图 2-3-25　"8"字形行进

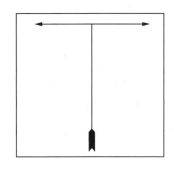

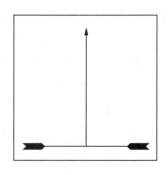

图 2-3-26 分队走　　　　　　　　　　图 2-3-27 合队走

2. 裂队走和并队走（图 2-3-28、图 2-3-29）

口令：裂队——走！并队——走！

要领：听到裂队走口令后，左路左转弯走，右路右转弯走。在两个纵队接近迎面相遇时，听到并队走口令后，左路左转弯走，右路右转弯走，成并列纵队前进。

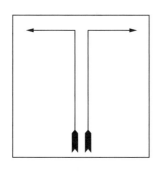
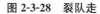

图 2-3-28　裂队走

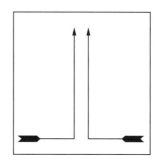

图 2-3-29　并队走

3. 左转弯走（图 2-3-30、图 2-3-31）

口令：成×路纵队左转弯——走！成一路纵队左转弯——走！

要领：听到口令后，前×名学生同时向左转弯走，后×名学生走到同一地点也向左转弯走，依次跟随前进。还原时，听到口令后，各路排头同时向左转弯走，其他依次行进到同一地点也向左转弯走，跟排头走成一路纵队。

图 2-3-30　左转弯走①

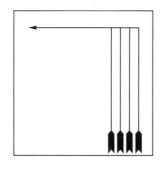

图 2-3-31　左转弯走②

（七）散开和靠拢

1. 左右间隔两臂、前后距离两步散开和靠拢

口令：以××为基准，间隔两臂，距离两步——散开！向右（左）看——齐，或以××为基准向中看——齐！

要领：基准学生不动，其余学生用跑步散开。前列或全体两臂侧举，对正看齐，然后臂自动放下成立正姿势。当下达靠拢口令后，按口令要求迅速跑步靠拢看齐。

2. 横队变梯形散开和靠拢（图2-3-32）

口令：成三列梯形横队——走！成一列横队——走！

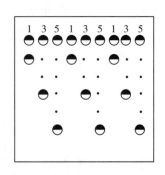

图2-3-32　横队变梯形散开和靠拢

要领：先1、3、5或5、3、1报数。听到口令后，按所报数字相应走几步。当下达靠拢口令后，先向后转，再按各自报的数走回原位，然后向后转。

3. 弧形散开和靠拢

弧形散开和靠拢，以四路纵队为例，见图2-3-33。

口令：间隔两步弧形——散开！向中弧形——靠拢！

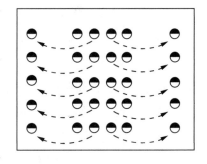

图2-3-33　弧形散开和靠拢

要领：1、4路不动，2、3路前6拍分别沿弧线经前绕过临近的同学走至规定的距离，7、8拍向后转。靠拢时，原2、3路的学生按原路线走回原处，再向后转，同样用8拍完成。

口令：间隔两步向后弧形——散开！向后弧形——靠拢！

要领：与弧形散开、靠拢基本相同，唯前两拍先向后转，从临近同学后面弧形绕至规定位置。

4. 依次散开和靠拢

依次散开和靠拢，以100人方阵为例，见图2-3-34。

口令：向前向左成体操队形——散开！向后向右——靠拢！

要领：首先各路由前向后"10至1"报数，明确特定的列次，然后再由右向左报数，明确每人的序数。听到散开口令后，从第十列（前列）开始用齐步或正步前进。每列起动依次相差两步，各列走的步数为列次的二倍减一（如第十列即$10 \times 2 - 1 = 19$）。向前同时走完规定的步数后立定，全体向左转。再以各排尾开始向新的方向前进，步数为每人所报序数的二倍减一。走完后立定，全体向右转，即成散开队形。当下达靠拢口令后，全体向右转，按散开时的做法和步数向前靠拢，再向右转，向前成密集队形靠拢，然后，全体向后转，即还原成原队形。

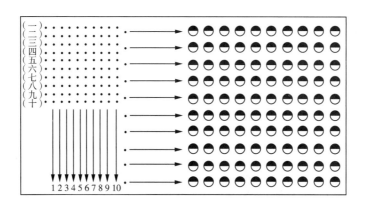

图 2-3-34　依次散开和靠拢

思考题：

1. 大学生为什么要进行队列训练？

2. 简述队列队形的概念。

3. 简述队列队形练习的目的和意义。

4. 简述队列队形练习的内容与口令。

第三章 射击训练

　　射击，可追溯到西周时期"礼乐射御书数"六艺教育中的射礼，它是人类最早的生产活动之一。人类为了生存，从投掷石子、木棒狩猎到使用弓箭、弓弩，再到使用火器，生动地展示出人类文明发展的进程。

　　竞技射击是使用运动枪支、子弹对预先设置的目标进行射击，以其命中环数（或靶数）计算成绩的一种运动项目。其特点是，参加竞赛者各在自己的靶位上，依靠自身技术水平和心理控制能力完成比赛。

▶▶▶ 第一节　射击训练概述

一、射击运动的起源

　　竞技射击是由最初的一般射击活动、射击游戏逐步演变而成的。据史料记载，五百多年前，斯堪的纳维亚半岛就兴起了射击跑鹿的游戏活动。19 世纪初期，欧洲一些国家的猎人举行射击活鸽子或其他野鸟的游戏性比赛，他们将鸽子或其他野鸟放在靶子里，用绳子把靶门拉开，鸽子或野鸟飞出来后再用枪射击。

　　1896 年奥运会之前，欧洲不少国家成立了射击协会等组织，并经常举行射击比赛。1858 年，英国创立了大英帝国来复枪协会；1860 年，举办了第一届全英来复枪射击比赛，维多利亚女王还亲临比赛现场主持开幕式典礼，并发射了第一枪。1871 年，美国成立了全美来复枪协会，并在纽约举行了首场比赛。在这种情况下，第一届奥运会上，射击被列为正式比赛项目。

二、射击运动的发展

第一届奥运会射击比赛设 5 个项目，有军用步枪 300 m 射击、军用步枪 200 m 射击、军用手枪 30 m 射击、军用手枪 20 m 射击、转轮手枪 25 m 射击。后来项目逐届增加，1920 年第七届奥运会上，射击比赛增加到 21 个项目，是历届奥运会设项目最多的一次。第一次世界大战后，人们出于对枪弹的恐惧心理，射击项目在奥运会上一度受到冷落。1932 年第十届奥运会上仅设 2 项射击比赛。1936 年第十一届奥运会设 3 项射击比赛，参加的国家和地区也越来越少，射击运动走向了低谷。1952 年以后，由于比赛项目的逐步稳定、竞赛规则的不断完善，射击比赛项目在奥运会上得到了复苏并基本固定下来。直到 1980 年奥运会之前，每届均保持在 7 个项目左右。1984 年奥运会增至 11 项，1988 年奥运会增至 13 项，1996 年奥运会增至 15 项，2000 年奥运会增至 17 项。射击项目种类也不断完善，由单一的军用武器射击，逐渐增加到小口径步枪、小口径手枪射击，还增加了气步枪、气手枪射击和气枪移动靶射击。根据国际射击联合会 2002 年的公告，目前国际射击比赛已发展到 57 个项目。第 29 届奥运会射击竞赛项目分为手枪、步枪和飞碟 3 个项目。

第二节 大学生射击训练内容[①]

一、据枪技术

在射击过程中，无论是步枪、手枪、飞碟项目还是移动靶，每发子弹的射击程序都是一样的，即据枪、瞄准、击发和"保持"。

据枪是指运动员在进行瞄准之前所完成的诸如姿势的确立、举枪、抵肩、贴腮等一系列动作的总称。

---

① 邱建国，吕庆祝，陈雷主编. 奥林匹克运动项目解析［M］. 北京：中国商务出版社，2008.

1. 步枪射击据枪

步枪射击姿势包括卧姿、立姿和跪姿。卧姿射击据枪时，其姿势动作结构应是：身体与射向之间的夹角为 20°～40°。两腿分开，腿部伸直或右膝稍屈曲，左肘前伸使其左后侧着地，地面水平面与前臂轴线的夹角不小于 30°。枪皮带套在左臂的中上部。托枪时，下护木通过虎口压在掌心与大鱼际之间。抵肩时，枪底部抵于右肩窝靠近锁骨处。贴腮时，头部要保持正直，以便瞄准。

卧姿射击时，在姿势确立后，整个身体赋予枪支以力量，其方向只能是向前、向下，不能向左、向右。卧姿射击要掌握的要领是：枪支的指向自然，瞄准、呼吸和击发的动作协调。

在卧、立、跪三种射击姿势中，立姿是重心最高、支撑面最小、姿势动作最不稳定的项目。立射姿势的固定和保持，主要靠骨骼的支撑和肌肉的紧张来实现。因此，在三种射击姿势中，立射动作技术最难掌握。立射据枪时，运动员的身体左侧朝向目标，两脚分开与肩同宽，小腹和左髋自然挺出；上体放松，左上臂紧贴胸侧，左前臂回收垂直支撑枪支；枪托底部抵于右肩关节内侧，右臂自然下垂；头部适量左转，腮部自然贴于枪托上；贴腮后，瞄准动作感觉自然。

立姿射击姿势动作确立后，枪与人体结合后的重心投影点落于支撑面内，靠近左脚。据枪之前，首先调整身体重心，腰部（骨盆、脊柱）是影响立射静力平衡的主要部位。腰要踏实固定，腰部肌肉放松。在开始据枪时，先使肌肉用力把上体舒展开，然后按正确的技术动作表象调整各部动作到位。当发现枪支指向不正确时，必须重新调整姿势。在瞄准击发过程中，扣扳机意识在前，稳枪意识在后。

跪姿射击时，运动员身体的面稍向右转，右膝跪在地上，右脚面贴在沙袋上；臀部坐于右脚跟上，使身体获得正确的支撑力；上身略向前倾，左肘支撑在左膝盖上，通过枪皮带和抵肩的力量使枪与人体密切结合；头部肌肉放松，腮部自然贴于枪托上；贴腮后，瞄准动作感觉自然。

跪姿射击据枪时，运动员要掌握的动作技术要领是：跪下时须坐实、跪稳，体会身体与枪结合后的整体力量是否正；跪下后身体各部位是否平稳、协调，各部肌肉用力是否踏实、舒适。握枪后，闭上眼睛做几次深呼吸，然后再看目标，体会姿势动作是否正确。

气步枪射击使用的枪支以压缩空气为动力，发射初速度小（173 米/秒），枪支跳动小，相对而言对运动员干扰小。气步枪射击的据枪动作要领和射击技术与小口径步枪射击的基本相同。所不同的是成绩概念上的差异。一名具有较稳定水平的运动员，在小口径步枪立射和气步枪立射两个项目中，射击成绩有明显差异。例如：

某运动员小口径步枪 40 发立射成绩为 365 环，在气步枪 40 发立射中，成绩可达到 385 环左右。

两个项目射击过程中，在枪支晃动形态相同的情况下，弹着点的偏差量也有相当大的差异。同是平行晃动（人体与枪口晃动的大小、方向相同），由于瞄准线是平行的，所以在 50 米距离和 10 米距离上，弹着偏差量也应相同。但是，由于靶纸的尺寸大小不同、环距不同，所以弹着在两个靶纸上的环值差别很大。实验得出的环值差异为：小口径步枪射击 10 环，气步枪射击 7 环；小口径步枪射击 9 环，气步枪射击 4 环；小口径步枪射击 8 环，气步枪射击 1 环。由此得出的结论是：相对而言，枪支呈平行晃动对气步枪射击成绩的影响比对小口径步枪射击的成绩影响大。此结论提醒气步枪运动员，在据枪时需特别注意枪支的平行晃动。

2．手枪射击据枪

手枪慢射据枪，其姿势动作是：以身体右侧对向目标，两脚开度与肩同宽，两腿自然伸直。腹微挺，腰下塌，躯干略向左侧倾斜。人枪结合后的总重心的垂线落于两脚支撑面的中央或稍靠左前。脚掌受力均匀，身体稍向右侧转。头正直，眼正视。举枪手臂以肩为轴自然伸直。举枪时深吸气，将枪举到靶纸上方，平正准星，呼气，臂和枪随之下落，准星正直、缓慢、均匀地稳入瞄区。瞄区一般选择在下 2 环至下 4 环之间。视力回收，用食指第一关节的中前部接触扳机，食指单独用力，正直均匀地边稳边扣，直到自然击发。

手枪速射据枪，其姿势动作是：以身体右侧对向目标，两脚开度与肩同宽或稍大于肩宽，两脚自然伸直。上体基本保持正直或稍向左后倾斜，头部转向目标时，做到头正、颈直、下颌回收、两眼平视。举枪手臂向前伸直，绷肘，挺腕，稍收肩。左臂自然下垂，身体与枪结合后的总重心落于两脚之间。射击时，持枪的手臂向第一靶上方伸举，同时吸气、提肩，然后手臂和枪下落至瞄区。此时，视力回收，平正准星，食指预压第一道火，眼睛盯住 10 环区位置，然后将手臂下落，成 45°，等待"开始"射击口令。口令下达后，纵向运枪的路线要正直，速度先快后慢。当接近靶标时减速，枪要平稳进入瞄区。与此同时，视力回收，平正准星，扣压扳机"第二道火"，进入瞄区后稍停即响。

第二靶至第五靶横向转体运枪时，应注意：在第一靶枪响的同时，视力转向第二靶瞄区，在眼睛余光的诱导下转体运臂指向第二靶。当枪支进入第二靶瞄区的右侧时减速，同时"收视"盯住准星缺口的平正，压实扳机，稍停即完成击发。第三至第五靶射击的动作与此相同。在完成第五靶射击后，继续保持力量，运向假设的第六靶。

女子运动手枪和男子手枪慢加速射据枪的姿势动作：速射阶段与男子手枪速射项目基本相同，慢射阶段与男子手枪慢射项目基本相同。

男子标准手枪射击据枪的姿势动作：150 秒射击与 25 米其他手枪项目的慢射部分基本相同。20 秒、10 秒射击与 25 米其他手枪项目的速射部分基本相同。

气手枪射击据枪动作和技术要领基本同手枪慢射项目，所不同的是：由于运动员手握气手枪的重心比手握慢射手枪的重心距人体重心远，气手枪扳机也比慢射手枪扳机重，所以运动员对气手枪的握把力量要比对慢射手枪的握把力量稍大，扣压扳机的力量也应稍大，速度应稍快。枪支晃动状态同小口径步枪射击与气步枪射击：当枪支呈平行晃动时，对气手枪射击成绩影响较大。因此进行气手枪射击时，应适当加强重心的整体控制力量。

3. 飞碟射击据枪

飞碟多向射击据枪时，取站立姿势，身体的面与射向之间的夹角约为 45°，两脚开度与肩同宽，两腿肌肉放松。左手握住枪的下护木，右手握住枪颈，右手食指贴在扳机上。右肘抬起与肩平，将枪托抵进肩窝。头部自然正直向下贴腮。眼睛从瞄准板（枪管上平面）中央看到准星，上体含胸收腹、塌腰，自然前倾。身体重量的 3/5 落在左脚上，2/5 落在右脚上。注意力从枪管上面延伸向前，等待出靶。当感觉控制枪的内在用力自然、确实时即可报"好"叫靶。碟靶抛出后，用腰部力量控制上体运动，让枪的准星追靶。当看到准星接触或到达靶的附近时，立即扣动扳机，便可命中碟靶。

飞碟双向射击据枪时，取站立姿势，两脚自然分开，开度与肩同宽，身体的面与射向之间的夹角为 45°～65°。两膝关节自然屈曲，肌肉放松，两肩自然下垂。左手握住枪的下护木，右手握住枪颈，右手食指贴在扳机上。预备姿势时枪不上肩，两肘微外展，身体重量平均分配在两脚上。然后扭转身体，将枪口指向出靶口与 8 号靶位之间的中间位置处，两眼注意出靶口，报"好"叫靶。当看见碟靶飞出后，左手握住枪向前上方送出，右手向上托枪，将枪托抵上肩。同时做贴腮、转体动作，眼睛始终盯住碟靶。做转体动作时，使准星走在碟靶前面，好似牵着碟靶向前运动。准星与碟靶的距离要符合命中碟靶所需提前量的要求。当动作做到位时，立即扣动扳机，便可命中碟靶。

飞碟双多向射击据枪姿势动作和技术要领，与飞碟多向射击基本相同。

4. 移动靶射击据枪

移动靶射击据枪时，取站立姿势，身体的面与射向的夹角为 60°～80°。两脚自然分开，开度与肩同宽，不宜过大或过小。开度过大不宜均匀转体，开度过小会使重心上移，支撑面减小，不利于稳定性的保持。上体保持正直，微塌腰、含胸，头部微前倾，视线指向出靶位置。左手握于枪的下护木的前部，左上臂与前臂成 $120°\sim150°$ 夹角。右手自然握住枪颈，上臂自然张开，肩关节自然放松。集中注意力盯住出靶位置，待靶出现时，及时、迅速起枪。起枪时，右臂用力将枪托提至肩窝，手腕对枪托稍向内压，右臂抬起与身体的夹角不小于 $45°$。面颊正直向下压在贴腮板上，贴腮后头部保持正直，贴腮完成的同时，运动员的视线从瞄准镜的上方进入视野。枪上肩接靶，同时进入转体运枪状态，以腰、髋、膝、踝关节协调同步转动，带动身体做均匀平稳的转动。接靶后，转体的同时调整瞄准关系，达到准星与瞄准点（实际是瞄准区）的吻合。移动靶射击整体技术动作要求是：干净利索地起枪、抵肩和贴腮；迅速、准确、平稳地接靶；均匀协调地转体；力量始终一致地出枪；击发后保持 1 秒钟，然后"收枪"。

二、瞄准技术

1. 步枪射击瞄准技术

步枪卧姿射击时，运动员据枪后，首先进行概略瞄准，用以检查"平正准星"是否自然指向瞄准点。如果未对正，切不可移动枪，而是应该通过调整身体的方法进行纠正，调整身体的方法是：指向偏高，身体向前移；指向偏低，身体向后移；指向偏左，身体向左移；指向偏右，身体向右移。

立姿射击时，当枪的指向与目标的位置关系不正确时，切不可有意识地控制枪支勉强指向瞄准区，必须重新调整身体姿势。调整的方法是：指向偏高，两脚开度稍加大；指向偏低，两脚开度略减小；指向偏左，右脚向后移；指向偏右，右脚向前移。

跪姿射击时，先不急于瞄准，要体会身体是否坐稳、身体各部位是否舒适，这时不用眼睛去看目标，闭上眼睛做几次深呼吸，然后用眼睛瞄准，检查枪的指向是否正确。

2. 手枪射击瞄准技术

（1）手枪慢射瞄准技术。

手枪慢射瞄准时选择瞄准区。瞄准区可根据自己习惯进行选择，一般选择在靶纸下 2～4 环的位置上。注意：保持枪面的一致，保持"平正准星"关系，保持动作的一致，保持枪支的平稳、自然晃动规律。做到视力回收，精力后移，"平正准星"

景况清楚。不必苛求准星与靶纸之间的关系。生理学知识告诉我们，眼睛观察事物时，不可能同时看清楚在不同距离上的两个物体。手枪慢射运动员在举枪时，枪支准星至眼睛的距离约为 600 毫米，而靶纸距离眼睛的距离为 50 米。如果眼睛看准星和照门时很清晰，那么看靶纸时就比较模糊。

（2）手枪速射瞄准技术。

手枪速射瞄准是在运枪的过程中那一短暂的相对稳定时机完成的。其过程是：眼睛盯住靶纸的瞄准位置，当举枪进入靶区时，立即收视盯住"平正准星"关系，用眼睛的余光诱导枪支平稳进入瞄准区，适时完成击发。瞄准区一般选择在 10 环区。4 秒射击速度快，每靶射击时，几乎没有停枪的时间，当枪支指向目标时即需完成击发。因此，4 秒射击的瞄区应选择在每靶右面 10 环区（第一靶选在下 10 环区）的位置上。瞄区的范围大小取决于运动员技术水平和其枪支的稳定程度。

（3）女子手枪射击瞄准技术。

女子运动手枪射击的慢射部分，瞄准时的关键动作是"平正准星"，通过腕部力量来调整准星与照门的关系。"平正准星"后，枪支慢慢下落，指向瞄区。瞄区的选择可分为以下几种：准星与黑环下沿相切，准星在黑环下沿留出小白边，准星在黑环下沿留出大白边（在下 3～4 环处）。

速射瞄准的要领与慢射基本相同。不同的是，速射在运枪中进行瞄准，在显靶后迅速举枪，运枪到靶纸下沿时视力迎枪，在运枪中"平正准星"并减速进入瞄准区，稍停即扣响。速射瞄准区的选择可分为以下几种：选在黑环中央，选在下 8～9 环处，选在下 5 环的下沿。

3. 飞碟射击瞄准技术

飞碟射击瞄准均采用概略瞄准的方法。因为飞碟射击的目标是飞速很快的碟靶（30 米/秒），在有效命中距离上（约 30 米），猎弹弹丸群有效杀伤面的直径约为 600 毫米，所以采用概略瞄准。

概略瞄准是与精确瞄准相对而言的。步枪、手枪项目均采用精确瞄准方法。运动员的眼睛通过"平正准星"瞄向目标。猎枪没有照门，只有瞄准板和准星，瞄准时，运动员的眼睛通过瞄准板看到准星，构成了瞄准基线。准星与碟靶所构成的关系也不像步枪、手枪项目那样精确，允许有一定的误差范围。只要猎弹的霰弹面能罩住碟靶，碟靶即可以被击中。另一方面不同的是：飞碟射击时，枪支是运动着的，要求运动员在追踪碟靶的运动中，准星到位，立即扣响扳机，不允许有更多的时间进行瞄准。优秀运动员的射击秘诀是：看清靶，稳起枪，快扣扳机。

飞碟射击瞄准的提前量：对飞行中的碟靶射击不同于固定靶射击，必须使枪口指在碟靶飞行前方适当的距离上才能准确命中目标，这段距离称为提前量。影响提前量的因素主要有以下几点：弹丸的飞行速度和距离，碟靶的飞行速度和方向，枪支的运行速度等。实际上，计算出射击时的精确提前量是很困难的，除以上理论因素外，还有运动员的反应速度的不同、弹丸飞行的弧度不同、气候条件不同、使用的子弹不同等因素。所以提前量又分为理论提前量和经验提前量两种。理论提前量又分为实际提前量和可见提前量。

4.移动靶射击瞄准技术

（1）50米移动靶射击瞄准技术。

50米移动靶射击瞄准也采用瞄准区。因为移动靶射击采用立姿无依托姿势，"平正准星"与瞄准点相"吻合"的机会短暂。又因为50米移动靶靶环直径较大，所以运动员实际瞄准时，可将瞄准点扩大到一个区域。在瞄准时，只要准星进入这个区域均可进行击发。在一般情况下，瞄准区域在直径为60毫米范围内射击，弹着点均应在10环之内。

50米移动靶射击瞄准方法有两种。一种是直接取提前量的方法，即慢速射击时提前量为300毫米（瞄准区在猪靶眼窝部位），快速射击时提前量为600毫米（瞄准区在猪靶鼻拱前100毫米处）。另一种是利用瞄准镜内双准星可调性的优点，慢速射击和快速射击均可通过计算得出相应提前量，通过瞄准镜内的准星将提前量调整好。

（2）10米移动靶射击瞄准技术。

①瞄准具的选择

运动射击所使用的瞄准具一般有三种。即缺口式瞄准具、觇孔式瞄准具和准直式光学瞄准镜。前两种可统称为机械瞄准具，它们都是由后面的照门和前面的准星构成的，只不过照门的具体形状不同而已。缺口式照门，最常用的是半圆形和矩形。缺口式瞄准具主要用于手枪射击项目，它的主要优点是构造简单，视野较宽，瞄准时易于构成瞄准关系。觇孔式瞄准具的中央为一圆形小孔，孔径为1.5～2.5毫米，与其配用的准星有柱形和环形两种。带觇孔式瞄准具的步枪主要用于步枪卧射和跪射项目，它的主要优点是瞄准误差较小。使用觇孔式瞄准具时，运动员根据自己的需要选择不同大小的觇孔，也可以选择准星的宽窄。瞄准时，运动员的视线通过觇孔在各种动作的调节下使准星置于觇孔的中央。如果使用柱形准星，将准星尖指向瞄准点，如果使用环形准星，将准星均匀地套住目标。

②"平正准星"的作用

瞄准时，运动员通过操作保持照门与准星之间的平正关系，运动员称其为"平正准星"。然而，在瞄准过程中，当运动员通过视觉的监督进行瞄准时，注意力应集中在"平正准星"上还是在准星与目标的关系上？这是广大教练员、运动员反复研究和不断强调的问题。结论是：注意力应集中在平正准星上。根据计算，"平正准星"所产生的误差对弹着偏差量的影响要比准星与目标之间所产生的误差对弹着偏差量的影响大几十倍，甚至上百倍。

据测量，在50米距离上进行手枪慢射时，"平正准星"偏差量为1毫米，则射击在靶纸上的弹着偏差量约为135毫米。即运动员在瞄准时，当准星与目标的偏差量为0时，若准星高出缺口上沿1毫米，则这发子弹射击在靶纸上的弹着偏在上5环处。常言道，"差之毫厘，失之千里"，就是这个道理。在缺口与准星的平正关系正确的前提下，如果瞄准点因视觉而产生误差，也会造成弹着点的偏差。不过，这种偏差之间没有放大关系，即瞄准点偏多少则弹着点偏多少，而且，弹着点偏差的方向和瞄准点偏差的方向是一致的。

运动员在射击中将注意力集中在"平正准星"上，可以提高击发的质量。在击发中很重要的一个前提就是情绪稳定，急于击发就会猛扣扳机。注意力集中在"平正准星"上，枪支的微小晃动不易被察觉，在感觉上枪是稳定的，会给适时击发创造宽松的心理环境。

③"选用瞄准区"

在射击学理论中称武器所瞄准目标上的一点为瞄准点。而实际上在运动射击中，运动员瞄准时通常不选用瞄准点，而选用瞄准区。运动员在比赛中常有这种事情发生：瞄准不理想，甚至预报瞄准很差，结果也能命中10环。这种现象是常见的，也是合理的，证明在瞄准时，不需要苛求瞄准点，而应选用适当范围的"瞄准区"。瑞典著名男子手枪慢射运动员斯卡耐克尔为自己特制了一副看近处清晰、看远处模糊的眼镜，目的是迫使自己将视觉的注意中心，从目标与准星的关系处后移到准星与缺口的关系上来，以确保击发的高质量。国际射坛有些优秀运动员的视力下降，然而他们仍然保持其优秀地位，也说明这个道理。射击比赛中，无论运动员的姿势动作怎么合理，肌肉用力怎么协调，企图在瞄准时保持枪支静止不动是不可能的。尤其是步枪立射和手枪慢射等项目，当运动员感觉到枪支稳定的时候，实际上也只是枪支晃动的速度相对较慢、晃动的范围相对较小而已。因此，各项目运动员应根据各项目条件的不同和运动员技术水平的差异，适当选择自己的"瞄准区"。

10米移动靶射击目标与50米移动靶射击目标不同。10米移动靶靶纸上左右两个环靶的中间画有一个瞄准区域，其直径为15.5毫米，射击时，一般采用双准星光学瞄准镜。不论是快速射击还是慢速射击，均用前准星瞄准，子弹命中在后环靶上。其瞄准方法有三种：准星尖中央部位对正瞄准区中心部位，准星尖中央部位对正瞄准区下沿中央，准星后上角那一点对正瞄准区前沿部位。

三、击发（扣扳机）技术

击发是射击过程中各项技术中的关键技术。任何项目的运动员最终都必须通过食指扣扳机完成射击任务。射击技术中的调整姿势、控制枪的稳定、进行瞄准等一系列的活动，最终结束在扣扳机动作上。扣扳机的技术很复杂，分解开来有以下几点。第一，扣扳机的食指要单独用力，其余手指保持原来状态，以保持枪支的稳定和其他部位的协调不变。第二，扣扳机的食指要正直用力。食指用力方向应该是正直向后，目的在于减少对枪支稳定性的影响。第三，扣扳机的食指要均匀用力。均匀用力的目的是保持枪支在击发瞬间的平稳，防止食指突然用力而破坏各部位所形成的正确关系。第四，适时击发。使用任何枪支射击时，扣扳机的动作均必须有预压过程，即在枪支的准星进入瞄准区之前就应对扳机施加压力。在枪支未完全达到稳定或将要达到稳定时，对扳机进行预压，其一方面是为了防止猛扣扳机造成枪支晃动，另一方面有利于在枪支准星进入瞄准区后短暂的稳定期内适时进行击发。

（一）步枪射击击发技术

卧姿射击时，当枪支的自然指向调整到目标下沿中央后，运动员做深呼吸，然后缓慢吐气。与此同时，食指正直均匀地向后扣压扳机，逐渐加大压力，在"平正准星"稳在瞄准点时，屏住呼吸，自然地扣响扳机。

立姿射击时，对扣扳机时机的掌握与卧姿射击不同，在立姿射击击发过程中，要"先扣后稳"，即开始屏气瞄准时，扣扳机的意识在前，稳枪意识在后。因为如果开始屏气瞄准时，先注意枪稳，往往待枪支稳定时，食指的起动状态滞后，食指起动时，枪支的稳定已经消失。

跪姿射击过程中，枪支晃动状态是在瞄准区内呈有规律的缓慢晃动，且晃动范围较小，因此跪姿射击扣扳机应采用"稳扣"和"微晃中扣"相结合的方式。

总之，在步枪射击中，稳（枪的稳定）、瞄（瞄准）、扣（击发）是一个有机配合的整体动作。三者的协调配合技术是射击过程中的关键技术，也是一个长期训练的过程，无论是哪个层次的运动员，都应将它视为训练的重点。

（二）手枪射击击发技术

（1）手枪慢射击发技术。

手枪慢射姿势动作支撑点少，枪的稳定性较差，不可能稳定在一个点上不动，只不过有时晃动大，有时晃动小。晃动是绝对的，稳定是相对的。枪的晃动有一定的规律，当运动员举枪进入瞄准区后，身体各部位的力量进行细微的平衡、调整，枪支的晃动幅度由大变小，逐渐趋向稳定，出现相对的"稳定期"。运动员要根据枪支晃动规律适时击发。击发时必须注意力量的保持，在情绪稳定的情况下，食指对扳机逐渐增加压力，直至击发。慢射手枪的扳机与其他枪支不同，是触发扳机，扳机引力不限，可以调整到几十克重，扳机过程也很短。因此，在思想上必须做好"提前扣"的准备，同时做到在"坚持不急"的情况下扣响。

（2）手枪速射击发技术。

手枪速射要在短暂的时间内连续不断地扣动和松开扳机。要求运动员扣扳机动作快，动作幅度大，节奏感强。因此，应以食指第一节的中部扣压在扳机的下 1/3 处为宜。运动员的食指对扳机引力及其运动速度的知觉能力是衡量速射运动员扣扳机水平的重要标志。运动员纵向运枪时，在完成预备姿势过程中，就应完成对扳机的预压。当运枪接近靶纸下沿并继续向上运动的同时，继续不断地、均匀地扣压扳机，直至枪支准星进入理想瞄准区后，稍停或即刻完成击发。运动员在横向运枪时，在上一发枪响的同时，食指迅速松开扳机，再迅速回压扳机。在枪支接近和进入瞄准区的过程中，对扳机均匀加压，直至完成击发。

手枪速射扣扳机技术与其他项目所不同的地方是射击节奏。手枪速射的射击方法是在规定的时间内连续射击 5 发子弹。在 5 发射击过程中，不同风格和动作类型的运动员会形成不同的射击节奏。有的运动员形成均匀等速的射击节奏，即在一组（5 发）子弹射击过程中，每发子弹射击的时间间隔大体相等，节奏均匀，动作连续，从容不迫，每个环节动作准确到位。这种射击节奏要求运动员具备良好的技术配合能力和准确的时间感觉。均匀等速节奏的掌握，虽然需要较长的训练过程，但一经掌握，则易于保持技术稳定，在比赛中也易于发挥水平。另有一些运动员形成逐渐加速的射击节奏。这种节奏的特点是：在第一靶、第二靶射击中，充分利用时间争取高环值；从第三靶开始，射击速度逐渐加快，一气完成第三靶至第五靶的射击。逐渐加速的射击节奏体现出灵活利用时间、积极主动的特点。但一定要注意与因第一靶、第二靶射速太慢而被迫加速，在第三靶至第五靶射击中赶时间的权宜之计区别开来。

女子运动手枪射击扣扳机的方法是：用食指第一节的中部扣压在扳机的中部或下 1/3 处，由快到慢逐渐加压，直至完成击发。在慢射部分射击时，举枪从上到下在准星落入瞄准区之前就开始预压扳机，在枪支下落过程中，逐渐增加扣扳机的力量，待准星进入瞄区相对稳定时完成击发。在速射部分射击时，运动员完成预备姿势的过程中，就应完成对扳机的预压。当运枪接近靶纸下沿并继续向上运动的同时，继续不断地、均匀地扣压扳机，直至枪支准星进入理想瞄准区，稍停即完成击发。

男子标准手枪和手枪慢加速射项目射击击发技术基本与女子手枪射击项目相同。

（三）飞碟射击击发技术

飞碟射击击发需在准星与碟靶之间构成提前量的瞬间完成。因此要求运动员在射击过程中报"好"前应做好对扳机的预压（预压力量为扳机引力的 1/2），击发要求及时果断，在"模糊状态"中完成击发，即在提前量估计构成的同时扣响扳机。完成击发后，无论是否命中碟靶，都要保持原有动作不变，继续沿碟靶飞行轨迹保持一段距离的运枪，其目的在于加深运枪动作的内在感觉和保持动作的一致性，有利于第二发子弹的发射。

（四）移动靶射击击发技术

移动靶射击的击发过程是：在运动员将枪支抵胯做准备动作的同时就开始预压扳机。在转体运枪、瞄准过程中继续加压，当准星进入瞄准区的前期或中期扣响扳机。由于移动靶射击中枪的稳定时间是短暂的，因此要求运动员在扣扳机时要快（但不能抢扣）。由于击发过程中，食指对扳机逐渐加压，所以扳机的引力不宜过轻，以 200～250 克为宜。扣扳机力量的分配，要求在慢速射击时，以预压力量占 2/5、加压力量占 2/5、扣响力量占 1/5 为宜；快速射击时，以预压力量占 3/5、加压力量占 1/5、扣响力量占 1/5 为宜。

移动靶射击击发与瞄准的配合，在技术上有较高的要求。在运枪接靶的瞬间，有时准星与瞄准点即刻"吻合"后又脱离，这种虚假的"吻合"并不是真正的稳定期。这时，若运动员误认为是稳定期而急于扣扳机，就会造成"抢击发"，容易出现坏环。

由于移动靶射击中的相对稳定期极其短暂，所以掌握不好，很容易错过击发时机。因此，水平较高的运动员往往在稳定期的前期（第一稳定期）或中期（第二稳定期）击发。最好的击发时机是在前期击发，运动员通常称此为"早击发"。"早击发"的优越性很多。第一，使运动员精力集中。"早击发"要求准备工作细致，动作迅速，思想杂念少，思维敏捷。其中哪一点做不到位，"早击发"都不会实现。第二，会减少被迫击发所产生的失误。第三，会减少精力和体力上的消耗。第四，可以争取时间，加大每发子弹发射之间的时间间隔，有利于运动员进行心理调节和枪支上的修正。

四、"保持"

"保持"是射击运动员在技术训练中的专用术语，是指运动员在发射每发子弹的过程中，在击发动作完成后，姿势动作和心理稳定按原来的状态保持几秒钟后，再做"收枪"动作。这是射击运动员在训练实践中总结出来的经验，也是射击弹道学理论的研究成果。因为在发射过程中，火药燃烧，弹丸脱离枪口时，火药气体也随着弹丸一起向外喷出，一部分气体在空气中消散，另一部分气体在离枪口 0.5～1.5 米距离处仍然对弹丸继续起推动作用。过早"收枪"会影响射击精度。另一方面，运动员从产生击发意识到完成击发动作，需要一个时间过程。其中包括：运动员击发时手指的反应时间，扳机本身机械运转的时间，撞针撞击底火点燃火药产生气体推动弹丸进入枪膛的时间，弹丸在枪膛中运动的时间等。根据计算，以上过程所需的总时间为 0.34 秒，因此，运动员在完成击发过程中，从思想上不可有马上"收枪"的准备，必须将"保持"作为整个射击程序的一部分。这是初学射击者乃至高水平运动员在发射过程中均应坚持遵循和必不可少的重要环节。

▶▶▶ 第三节　射击基本原理与相关知识

一、射击基本原理

（一）发射及其过程

火药气体压力将弹头从膛内推送出去的现象叫发射。其过程是：击针撞击子弹底火，使起爆药发火；火焰通过导火孔引燃发射药，产生大量火药气体，在膛内形成很大的压力，迫使弹头脱离弹壳，沿膛线旋转加速前进，直至推出枪口。

（二）后坐的形成及对命中的影响

发射时，武器向后运动的现象叫后坐。

1. 后坐的形成

发射药燃烧时，产生的气体同时作用于各个方向，作用于膛壁周围的压力被膛壁所抵消；向前作用于弹头后部的压力推送弹头前进；向后作用于弹壳底部的压力经过枪机传给整个武器，使武器向后运动，形成后坐。

武器的后坐和弹头的运动是同时开始的。在弹头脱离枪口瞬间，大量的火药气体随弹头后部从膛内向外喷出，形成反作用力，使武器后坐更加明显。

2. 后坐对命中的影响

后坐对单发（连发首发）射击的命中影响极小。因为弹头在膛内运动的时间极短（约千分之一秒），并且枪比弹头重得多（冲锋枪、半自动步枪 400 倍以上），所以弹头在脱离枪口以前，枪的后坐距离只有 1 毫米多。而且是正直向后运动，加之衣服和肌肉的缓冲，射手是感觉不出来的。射手感觉到的后坐，主要是弹头在脱离枪口的瞬间，火药气体猛烈向枪口外喷出形成的反作用力造成的。此时，弹头已脱离枪口。因此，后坐对单发（连发首发）射击的命中影响极小。

后坐对连发射击的命中有一定的影响。因为连发射击时，第一发子弹发射后，由于枪的明显后坐变动了原来的瞄准线，所以对第二发以后的射弹命中有一定的影响。但只要射手据枪要领正确，适应连发武器射击时后坐的规律，就能减小后坐对连发命中的影响，提高射击精度。

（三）弹道形状与射击相关概念

弹头运动过程中，其重心所经过的路线叫弹道。弹头脱离枪口后，如果没有地心引力和空气阻力的作用，将保持其所获得的速度，沿着发射线无止境地匀速直线飞行。实际上，弹头在空气中飞行，一面受到地心引力的作用，逐渐下降；一面受到空气阻力的作用，越飞越慢。因此，形成了一条不均等的弧线。升弧较长较直，降弧较短较弯曲。

射击相关概念如下：

火身口水平面：通过起点的水平面；

射线：发射前火身轴线的延长线；

射角：射线与火身口水平面所夹的角；

发射线：发射瞬间火身轴线的延长线；

发射角：发射线与火身口水平面所夹的角；

升弧：由起点到弹道最高点的弹道；

降弧：由弹道最高点到落点的弹道；

弹道高：弹道上任何一点到火身口水平面的垂直距离；

最大弹道高：弹道最高点到火身口水平面的垂直距离；

射程：起点到落点的水平距离。

（四）瞄准角与瞄准具

由于地心引力和空气阻力的作用，如果用枪管瞄向目标射击，射弹就会打低打近。为了命中目标，必须将枪口抬高，使火身轴线与瞄准线之间形成一定的角度，即瞄准角。瞄准角的大小是根据射弹在不同距离上的降落量来确定的。距离越远，降落量越大，所需要的瞄准角也就越大；距离越近，降落量越小，所需要的瞄准角也就越小。

瞄准具就是根据上述原理设计而成的。由于缺口，上沿到火身轴线的高度大于准星尖到火身轴线的高度，射击时是通过缺口、上沿中央和准星尖的平正关系来对目标进行瞄准的。因此，用瞄准具瞄准时，就抬高了枪口，使火身轴线与瞄准线之间构成一定的瞄准角。

表尺位置高，瞄准角就大，相应的射击距离就远；表尺位置低，瞄准角就小，相应的射击距离就近。各种枪的表尺上都刻有不同的表尺（距离）分划。装定表尺（距离）分划，就是改变表尺的高低位置，实际上也就是装定瞄准角。

由此可见，瞄准具的作用就是对一定距离的目标射击时赋予武器相应的瞄准角和射向。射击时，只要按照目标的距离装（选）定相应的表尺分划瞄准射击，就能命中目标。因此，正确地选定表尺分划，对准确命中目标有着决定性意义。

二、射击相关知识

射击前，应首先验枪、装子弹和定表尺。射击时可借助依托物，射击后应退子弹和复表尺。

（一）验枪

验枪是一项保证安全的重要措施。使用武器前后及必要时，均应验枪，认真检查弹膛和教练弹中有无实弹。验枪时，严禁枪口对人。

口令："验枪""验枪完毕"。

动作要领：听到"验枪"口令后，右手将枪提起，以右脚掌为轴，身体半面向右转，左脚顺势向前迈出一步（两脚约与肩同宽），同时右手将枪向前送出；左手接握下护木，左大臂紧靠左肋，枪托贴于胯骨，枪刺尖约与眼同高；右手打开弹仓盖，移握机柄。

当指挥员检查时，拉枪机向后，验过后，自行送回枪机，关上弹仓盖，打开保险，扣扳机，关保险，移握枪颈。

听到"验枪完毕"口令后，右手移握上护木，身体半面向左转，在右脚靠拢左脚的同时，恢复持枪姿势。

（二）装退子弹及定复表尺

1. 卧姿装退子弹及定复表尺

口令："卧姿装子弹""退子弹起立"。

动作要领：听到"卧姿装子弹"口令后，右手将枪提起稍向前倾，左脚向右脚尖前迈出一大步（也可右脚顺脚尖方向迈出一大步），左手在左（右）脚尖前支地，顺势卧倒，以身体左侧、左肘支撑全身；右手将枪向目标方向送出；左手接握表尺下方，枪托着地，右手拉枪机到定位。

解开弹袋扣，取出一夹子弹，插入弹夹槽，以食指或拇指将子弹压入弹仓（单发装填时，不应将第一发子弹压在右侧），取出弹夹，送弹上膛，将弹夹装入弹袋并扣好。右手拇指和食指捏压游标卡榫，移动游标，使游标前切面对正所需要的表尺分划。右手移握枪颈，全身伏地，两脚分开约与肩同宽，身体与射向成30°，枪刺离地，目视前方，准备射击。

听到"退子弹起立"口令后，稍向左侧身，右手解开弹袋扣，打开弹仓盖，接住落下的子弹，装入弹袋，拇指拉机柄向后，食指和中指夹住从膛内退出的子弹并送回枪机，将子弹装入弹袋并扣好，关上弹仓盖，打开保险，扣扳机，关保险，复表尺，移握上护木，将枪收回；同时左小臂向里合，屈左腿于右腿下。以左手和两脚撑起身体，右脚向前一大步，左脚再向前一步，在右脚靠拢左脚的同时恢复持枪姿势。

2. 跪姿装退子弹及定复表尺

口令："跪姿装子弹""退子弹起立"。

动作要领：听到"跪姿装子弹"口令后，右手将枪提起，左脚向右脚前方迈出一步，右手将枪向目标方向送出；左手接握表尺下方，同时右膝向右跪下，臀部坐在右脚跟上，左小腿略垂直，两腿约成90°，左小臂放在左大腿上，枪刺尖约与眼同高。然后，按要领装子弹、定表尺，右手移握枪颈，目视前方，准备射击。

听到"退子弹起立"口令后，按要领退出子弹，打开保险，扣扳机，关保险，复表尺；右手移握上护木，左脚尖向外打开的同时起立；在右脚靠拢左脚的同时恢复持枪姿势。

3. 立姿装退子弹及定复表尺

口令："立姿装子弹""退子弹"。

动作要领：听到"立姿装子弹"口令后，右手将枪提起，以右脚掌为轴，身体大半面向右转；左脚顺势向前迈出一步（两脚与肩同宽，成外"八"字），体重落在两脚上，右手将枪向目标方向送出；左手接握表尺下方，左大臂紧靠左胁，枪托贴于胯骨，枪刺尖约与眼同高。然后，按要领装子弹、定表尺，右手移握枪颈，目视前方，准备射击。

听到"退子弹"口令后，按要领退出子弹，打开保险，扣扳机，关保险，复表尺；右手移握上护木，身体大半面向左转，在右脚靠拢左脚的同时恢复持枪姿势。

（三）射击动作

1. 依托物的利用

为了取得更好的射击效果，应力求利用地物和构筑依托物实施射击。依托物的高度应按射手的身体而定，一般为 25～30 厘米，依托物内侧应陡些。在紧急情况下，还应善于利用不同高度的依托物进行射击。

2. 依托据枪、瞄准与击发

据枪、瞄准、击发是相互联系和相互影响的动作，稳固持久的据枪、正确一致的瞄准、均匀正直的击发，三者正确地结合是准确射击的关键。因此，必须刻苦练习，熟练掌握。

（1）据枪。

下护木放在依托物上，左肘向里合；右手握枪颈，食指第一节靠在扳机上，大臂略垂直；两手协同将枪托确实抵于肩窝，头稍前倾，自然贴腮。

（2）瞄准。

首先使瞄准线自然指向目标。若未指向目标，必须调整姿势，不可迁就而强扭身。需要修正方向时，可左右移动身体或两肘；需要修正高低时，可前后移动整个身体或两肘里合、外张，也可适当调整依托物。

（3）击发。

用右手食指第一节均匀正直地向后扣压扳机（食指内侧与枪应有不大的空隙），余指力量不变。当瞄准线接近瞄准点时，开始预压扳机，并减缓呼吸；当瞄准线指向瞄准点时，应停止呼吸，继续增加对扳机的压力，直至击发。

击发瞬间应保持正确一致的瞄准。若瞄准线偏离瞄准点或不能继续停止呼吸时，应既不增加也不放松对扳机的压力，待修正或换气后，再继续扣压扳机。此时要注意两点：①不能猛扣扳机，猛扣扳机会使枪身扭动，射弹就会产生偏差；②打点射时要保持正常心态，不要因猛扣猛松扳机而造成据枪变形。

思考题：

1. 射击基本原理有哪些？

2. 验枪的动作要领是什么？可分为几步训练？

3. 据枪、瞄准、击发的动作要领是什么？

第四章　体能训练

体能训练是运动训练的重要组成部分，旨在根据各个运动项目的特征选择训练内容，并通过各种有效的训练方法和手段，对训练者的机体施加适宜负荷，充分挖掘训练者的竞技潜能，从而改造训练者的身体形态，提高身体机能，增进健康和发展身体素质。现今的运动训练主要包括体能训练、技术训练、战术训练、心理训练以及智能训练等方面的内容。其中，体能训练是所有训练的基础，对训练者掌握专项技术、战术，承担更大负荷的训练和参加激烈的比赛具有重要意义；同时，还能防止伤病、延长锻炼者的运动寿命。

▶▶▶ **第一节　体能训练概述**[①]

一、体能训练的概念

"体能"是近十几年来各类体育报刊上出现频率较高的词，在互联网上用搜索引擎搜索，包括"体能"两字的条目达十三万之多。尽管"体能"这个词的使用频率在不断提高，对于"体能"这个概念的定义是仁者见仁，智者见智。

---

① 王卫星. 高水平运动员体能训练的新方法［M］. 北京：北京体育大学出版社，2013.

本书在对诸学说进行分析梳理后，归纳出体能这一概念所包含的如下三个层次的内容：（1）体能是通过先天遗传和后天训练途径获得；（2）体能是一种人体在形态结构、生理功能及运动素质方面所表现出来的综合运动能力；（3）体能是一种潜在能力与外在表现的结合体，其表现是与外界环境相结合的产物。总之，以上对体能所下的概念是对同一事物从不同角度、根据自己研究的需要而作的内涵界定。科学的概念是人们对某一事物或现象的高度概括，而事物是不断发展变化的，人们对事物的认识也总是逐渐深化的。

体能训练是指采用特定的方法和手段来提高人体生理各系统的机能与代谢水平，使之适应竞技运动需要而进行的专门身体训练，包括身体形态、身体机能、身体健康和运动素质等方面的训练。身体形态是指人体内部和外部的形态特征。身体机能是指人体各器官系统的功能，它是身体活动能力的基础，某一机能水平直接影响着运动时所需要的某一方面的能力。

在竞技体育范畴内，体能训练通常包括一般体能训练和专项体能训练。一般体能训练是指运用多种非专项的体能练习手段，增进训练者的身体健康，提高各器官系统的机能，全面发展运动素质，改善身体形态，掌握非专项的运动技术、技能和知识，为专项成绩提高打好基础的训练。专项体能训练是指采用直接提高专项素质的练习，以及与专项有紧密联系的专门性体能练习，最大限度地发展对专项成绩有直接关系的专项运动素质，以保证所掌握专项技术和战术在比赛中顺利有效地运用，从而创造优异成绩的训练。一般体能训练是专项体能训练的基础，一般体能训练为专项运动素质的提高提供必要的条件；专项体能训练是提高专项运动成绩的特殊需要，并直接为创造优异的专项运动成绩服务。一般体能训练和专项体能训练总的目标是一致的，在训练实践中往往难以截然分开。

二、体能训练的重要性

从训练学角度出发，体能训练是运动训练的重要内容。任何运动都需要体能支持，任何训练都离不开体能训练。体能训练是顺利完成各项运动训练的基础，没有好的体能，技术训练、战术训练等必将流于形式；没有高效的体能训练，体育运动竞技能力的提高就难以保证。

首先，现代竞技运动的一个重要特征就是要求运动员不断掌握最先进的技战术，而作为运动能力主要因素的力量、速度、耐力、灵敏、柔韧等项的发展水平对此起着决定性作用。

其次，现代竞技运动的比赛量和训练负荷与日俱增，对体能的挑战更大了。

最后，现代竞技运动的高强度增加了运动员的身心疲劳以至伤病，如果有良好的体能做保证，运动员可以有效地减少运动损伤，延长运动生涯。总之，现代体育的发展将体能训练在竞技运动训练中的地位日益提高。重视体能训练是提高运动水平最经济、最有效的方法。

三、体能训练的基本要求[①]

（一）全面发展、突出重点

全面发展、突出重点是体能训练的基本要求之一，它主要表现在以下两个方面。一方面，训练者的体能素质各方面是相互联系的，因此，训练者应全面发展自身的运动能力，从而为进行专项训练打下良好的体能基础，为专项体能训练的进一步发展创造有利条件。专项训练和比赛要求训练者具有良好的身体素质和运动能力，这就要求训练者具备全面发展的体能素质。另一方面，训练者从事的运动项目决定了其必须具备该项目所要求的体能专项素质。因此，在进行体能训练时，训练者不仅要全面发展身体运动能力，还要根据个人的具体情况和专项比赛的需要，做到因人、因项、因时而异，突出体能训练重点。

（二）合理安排训练内容比例

合理安排训练内容比例是体能训练的基本要求之一，具体是指在体能训练中合理安排一般身体训练和专项身体训练的比例。体能训练的科学依据在于，一般身体训练所发展的机能潜力是专项训练发展的基础，它可以促进专项运动素质的发展，为训练者技战术水平的提高打下良好的机能基础。每名训练者的身体状况不同，因此，不能对所有的训练者使用同一种内容的比例，而是要随着训练内容的不同，两种训练的比例适当调整。当训练者处在高水平训练阶段时，只有更多地进行强化专项身体训练，才能最有效地发展专项运动能力。

（三）紧密结合技战术进行

进行体能训练的根本目的是发展运动技能、提高技战术运用水平，因此在进行体能训练时，应紧密结合技战术合理安排体能训练的内容、强度、时间，科学选择体能训练的方法，使体能训练获得的训练效果与专项技战术有机地结合在一起，从而使其能够在比赛中通过技战术的形式充分地发挥出来。

在体能训练中，训练手段的选择和运用是使体能训练与技战术训练紧密结合的

---

① 顾长海. 现代运动训练理论与实践研究［M］. 上海：同济大学出版社，2018.

关键，体能训练的内容和手段要突出专项特征，在表现形式上尽量与专项技战术动作相一致，并充分考虑身体练习的生物力学等特征，通过体能训练使训练者的技战术顺利转化到比赛当中。

（四）重视对训练效果的科学评价

重视对训练效果的科学评价有助于训练者及时了解自己的训练情况，明确自己与预期目标之间的差距。因此，在体能训练过程中，教师应系统地对训练者的身体运动能力进行定期或不定期的测量与评价。测量与评价的方式要做到科学、客观，运用量化分析和定性分析评定体能训练是否达到了预期目标，及时了解训练者的运动素质和机能水平是否已经达到预期的全部或阶段训练目标，从中还可以为下一阶段的训练收集数据，从而找出体能训练的薄弱环节和改进方法，为制订训练计划提供重要依据，真正做到科学控制体能训练的进度和进程，提高体能训练的科学性和针对性。

▶▶▶ 第二节　体能训练原则[①]

体能训练是一个不断重复进行的刺激—反应—适应过程，是一个身体结构与机能不断破坏与重建的循环过程，其实质是人为地、有目的地、按计划地给训练者有机体施加系统化的适宜运动负荷刺激，使之产生人们所预期的适应性变化。科学的运动训练不仅需要训练者掌握训练理论，也需要掌握人体生理机能的变化规律。合理地安排运动训练的各要素，可使机体产生最佳的反应与适应，实现最佳训练效果。体能训练原则是指依据体能训练活动的客观规律而确定的体能训练所必须遵循的基本准则，它是对体能训练活动客观规律的反映，对体能训练实践具有普遍的指导意义。

根据运动训练理论和体能训练的实际要求，体能训练主要遵循如下几个原则：自觉性原则、区别对待原则、一般训练和专项训练相结合原则、"三从一大"训练原则、系统训练原则、适宜负荷原则及适时恢复原则。

---

① 王向宏. 体能训练理论与方法：第 2 版 ［M］. 北京：北京航空航天大学出版社，2014.

一、自觉性原则

（一）自觉性原则的概念

自觉性原则是指在训练过程中，训练者在教练员的教育和引导下，自觉、主动地学习和运用有关知识和技能，加深对训练目的性的认识，掌握运动技能，提高竞技能力，独立自主地参与规划和制订训练计划，以及进行比赛。自觉性原则是植根于人们思想中的合理认识。认识越深刻、越广博，实践就越丰富。自觉性原则是取得最佳训练效果和良好比赛成绩必不可少的前提。

（二）自觉性原则的理论依据

训练者是训练过程的主体，是知识、技能的接受者。外因通过内因而起作用。训练者只有具有自觉学习、提高运动成绩的强烈愿望，才会专心致志地去接受长期艰苦的运动训练。

当训练者对所从事训练的目的、意义、作用及自己的未来发展有正确理解时，才会激发训练和比赛的积极情绪。如果运动训练是训练者被迫无奈的选择，则所有正常的身体负荷和心理负荷都会成为难以逾越的困难，从而产生消极的情绪，功能能力的发挥将受到抑制。

（三）训练中贯彻自觉性原则的基本要求

1. 加强训练目的性和正确价值观教育

教师要善于启发诱导训练者，注意通过各种教育学及心理学的手段，对训练者进行训练的目的性教育，帮助训练者端正训练的态度，使其萌发自觉训练的动机；帮助训练者了解国内外体育运动的发展状况，使训练者认识到获得优秀运动成绩对振奋民族精神及对国家与个人发展的重要性，从而获得鼓舞和激励。

2. 教师在训练过程中的主导作用

教师的主导作用主要体现在正确地安排训练过程和运动员的活动，使其能够发展成为独立思考和行动的人。因此，教师除关注具体训练外，还要关注训练者智育与德育的发展，尽可能地组织训练者参与谈论训练的目标，预测可能的前景。教师要善于提出问题和要求，特别是要善于开发训练者的智能，提高他们有关训练学的理论知识水平。在此基础上，吸引训练者参加训练计划的制订，明确训练手段的作用及训练方法的意义。

教师要注意培养训练者勤学苦练、奋勇拼搏的精神。同时要有意识地培养训练者独立思考的能力，提高训练者在各种复杂的环境及社会条件下较好地控制自己的思想行为的能力和动作技术上的应变能力。

此外，教师自身的榜样作用不容忽视。教师要特别注意自己的言行，要善于说服教育，注意克服简单、粗暴的做法，并以自己的知识、能力和表率作用以及通过有效的训练取得优异的运动成绩来建立权威，取得训练者的信任，并以此激发训练者训练的积极性。

3. 发挥训练者在训练过程中的主体作用

自觉性教育的一个重要方面是提高训练者在各种复杂的环境条件及社会条件下较好地控制自己的思想、行为的能力和动作技术上的应变能力以及自我负责等品质，其表现形式为心理上的稳定性。这种心理上的稳定性和最佳发展的身体因素，以及高度的智力和竞技能力，对训练者的训练成绩起着决定性作用。

4. 满足训练者的合理需要，正确地运用动力

要关心训练者的生活，安排好他们的衣食住行，创造良好的人际环境，并尽可能使他们有安全感和必要的尊重，并引导训练者形成自我实现的更高层次需要，以产生积极从事训练的动机。

正确运用精神、物质和信息这三种动力，互相补充、扬长避短，这样可取得理想的效果。要正确地认识和处理好个体动力和集体动力的关系，让个体动力在大方向基本一致的情况下得到充分的发展，以求得比较大的集体动力的总量。

二、区别对待原则

（一）区别对待原则的概念

区别对待原则指在运动训练过程中，根据不同专项、不同的训练者或不同的训练状态、不同的训练任务及不同的训练条件等具体情况，有针对性地组织安排各自相应的训练过程，确定训练任务，选择训练内容、方法和手段，安排运动负荷的训练原则。教师在制订训练计划时，根据每个训练者所独具的身体能力、潜质、学习特征以及所从事的专项等特点，设计出适合每个训练者特点的个性化方案。

（二）区别对待原则的理论依据

1. 运动专项需要多样性

不同专项训练者的竞技能力（体能、技能、战术、心理、形态等）受不同因素的影响，也有不同的要求。因此在选择训练内容和手段时，必须注意不同专项竞技的不同需要，有计划地实施，区别对待。

2. 训练者个人特点的多样性

世界优秀运动员负荷个体化是被广泛认可的。在现代运动训练中，个体化原则已经成为最重要的训练理论之一。教师唯有在认真分析每一个训练者训练的不同方面的基础上，精心地制订出最适合个体发展的训练计划，才能使该训练者得到最佳的发展，才能发掘出该训练者的最大潜能。训练者的个人特点包括性别、日历年龄、生物年龄、训练年龄、竞技水平、生理和心理特点、身体状况、训练情绪等，这些都对训练安排提出了不同的要求。同一名训练者的训练状态在不同阶段、不同时刻的表现不同，不同训练环境和训练条件也对训练内容和组织实施提出了不同的要求。

3. 运动训练和比赛条件的多变性

运动训练过程是个动态发展的过程，不同的运动项目、不同的训练者及在不同的状态下该过程均处于不断的变化之中。这些因素的不断变化都要求教师及时根据训练者的具体情况有区别地组织训练，以使训练者能更好地适应这些变化了的条件。这些条件包括决定竞技能力的各个因素、教师的业务水平、对训练战略部署和战术安排、训练所处的阶段和具体要求，以及训练和比赛时的气候、场地、器材以及对手的情况等。

（三）训练中贯彻区别对待原则的基本要求

1. 掌握训练者的个体特征

训练者的思想、健康状况、训练水平以及学习、工作、日常生活等情况不同，教师应深入了解其具体情况并具体分析。教师要掌握训练者的身心发展过程中的各种特殊情形，区别对待。

2. 正确认识运动专项的基本特征

不同运动专项都有自己的决定因素及不同的发展规律。只有正确认识所从事项目的专项竞技能力的决定因素，并结合专项成绩发展的规律去组织安排训练，才可能取得成功。

3. 充分考虑运动训练和比赛的条件

训练过程中，必须考虑到训练者所处的训练时期和训练阶段等具体情况。不同阶段和不同时期有不同的要求。要了解在不同阶段和不同时期训练者的特点。另外，对比赛场地、气候、对手以及环境等客观条件也要充分考虑。

4. 处理好运动队中集体和个人的关系

在全队集体训练时，除有共同的要求和统一指导外，还必须有个别要求、个别指导，教师既要注意到全队的训练和比赛任务，又要考虑到个别队员的具体情况。

要根据训练的具体任务和实施训练过程中的变化，恰当地分配指导精力，使每个训练者都感到教师就在自己的身边，并感到每次训练教师的安排和要求都切合自己的实际。

5. 教师要及时准确地掌握训练者的具体情况

教师只有在认真分析每名训练者的不同情况的基础上，精心制订出适合个性发展的训练计划，才能保证训练者得到最佳的发展，挖掘出训练者的最大潜能。在训练的不同阶段，教师应围绕竞技能力的几个主要决定因素来了解具体情况。例如：在形态方面，可测定身高、体重等指标；在素质方面，需要了解速度、力量、耐力等数据；在机能方面，应掌握脉搏、血压、发育水平及各器官系统的机能等基本情况。

三、一般训练和专项训练相结合原则

（一）一般训练和专项训练相结合原则的概念

一般训练和专项训练相结合原则是指在运动训练过程中，要根据运动项目的特点、训练者的水平、不同训练时间、不同训练阶段的任务，恰当地安排二者的训练比重。

一般训练是指在运动训练过程中，以多种身体练习、训练方法和手段，全面提高训练者的各种器官系统的机能，发展运动素质，改善身体形态和心理品质，掌握有利于提高专项的其他项目的运动技术和理论知识的训练。其目的在于按照专项的需要，使训练者的专项素质、技术、战术以及心理品质得到最大限度的提高，为创造优异的专项成绩打下多方面的基础。

专项训练是指在运动训练过程中，以专项运动本身的动作及比赛性练习，以及与专项运动动作相似的练习，提高专项运动水平所需要的各器官系统的机能，发展专项运动素质和心理品质，掌握专项运动的技术、战术、理论知识的训练。其目的是最大限度地提高训练者的专项成绩。

一般训练的目的是为专项运动成绩的提高打下良好的运动素质、技术战术、心理品质等方面的基础；专项训练的目的是直接为创造优异的专项成绩服务。二者的目的是一致的，相互促进，相互制约。在训练实践中，要根据训练者的不同水平和层次的实际情况，在训练的不同时期和阶段，合理安排好一般训练和专项训练的比重。

（二）一般训练和专项训练相结合原则的理论依据

1. 有机体是一个有机的整体

有机体各器官之间是紧密联系、互为影响的。在训练过程中，运动负荷给机体施加的刺激使各器官系统产生的适应性变化也是相互联系、相互作用的。任何一种专项运动本身对训练者各器官系统机能的影响都有一定的局限性，进行一般训练采用多种练习内容、方法和手段可以弥补专项训练的不足，促进各器官系统的全面提高，从而为训练者创造优异的运动成绩打下良好的基础，保证专项训练的顺利进行。

2. 各运动素质的发展相互转移

力量、速度、耐力、柔韧和灵敏等运动素质不是孤立存在和发展的，彼此之间相互影响、相互促进和相互制约，在运动素质发展过程中存在大量相互转移的现象。一般将由于某一素质的发展而影响到另一种素质的发展称为运动素质转移。运动素质转移包括直接转移和间接转移、良好转移和不良转移、同类转移和非同类转移以及可逆转移和不可逆转移等。因此，在训练实践中要充分考虑这种因素。

3. 一般训练对专项训练的调节作用

专项训练的内容、方法和手段主要是专项运动本身，过多进行专项训练容易引起有机体局部负担过重和中枢神经系统的疲劳。而如果一般训练的内容安排适当，则能起到积极的调节作用，从而更好地提高专项训练的效果。

4. 专项训练对提高专项运动成绩起直接作用

一般训练只是起到打基础和调节等作用，而运动训练的目的是挖掘运动员的潜能，创造优异的运动成绩。因此，只有通过专项训练才能保证运动员掌握专项技战术，发展专项所需的机能能力和运动素质。

（三）贯彻一般训练和专项训练相结合原则的基本要求

1. 一般训练的内容和手段的选择必须考虑全面性和实效性

由于受到训练时间、专项特点、训练条件的限制，一般训练练习内容应少而精，一般应满足如下要求：既要提高或保持一般工作能力水平，对专项素质起良好的影响，又要形成和巩固在运动中起辅助作用的技战术等。

2. 一般训练既要全面又要反映专项化的特点

全面是指通过一般训练来发展训练者的各种机能能力和运动素质。虽然一般训练发展的不是专项所特有的能力，但同样对专项成绩起积极作用。因此在练习内容和时机的安排上，要注意有利于运动素质和运动技能的转移。

3. 一般训练和专项训练应保持适宜的比例

一般训练和专项训练安排存在一定的矛盾，在训练实践中要注意：由于各运动专项具有不同的特点，以及不同层次训练者的训练水平、运动年龄、不同训练阶段的任务不同等因素，一般训练和专项训练的组成比例不同。值得注意的是，尽管在多年从事运动训练的过程中，人体机能和形态进一步改造的幅度是逐步减少的，但在运动训练的高级阶段，一般训练仍有非常重要的作用。

4. 两者的结合要考虑与练习之间的关系，形式要灵活多样

各种练习要达到良好的训练效果都有必要的训练前提。例如，速度和力量性练习要取得良好效果，需要神经系统有良好的兴奋性和充足的能量物质储备。同时，由于各种练习后有机体恢复过程时间不一，所产生的后效作用保持时间不同，因此要考虑课与课、练习与练习的搭配顺序和间歇时间，要尽可能排除或降低消极性转移的危险，以促使负荷后有机体的尽快恢复。

综上所述，一般训练和专项训练是训练过程中不可缺少的两个方面，忽视或取消任何一个方面都会导致运动训练效果的减弱，甚至失败。因此，在训练过程中必须将两者有机地结合起来，从训练的对象、项目特点及不同训练时期和阶段的任务等实际出发，恰当地安排好二者的比例。

四、"三从一大"训练原则

(一)"三从一大"训练原则的概念

"三从一大"训练原则指从难、从严、从实战需要出发，大负荷训练的原则。我国体育界于20世纪60年代提出"三从一大"训练原则，该原则至今仍是指导我国各运动项目训练实践的原则之一。

(二)训练中贯彻"三从一大"训练原则的基本要求

1. 从难

训练要有难度，要设置各种困难，让训练者在更为艰难、复杂的条件下勤学苦练，攀登竞技高峰。需要注意的是，不同项目由于其特点不同，其训练难度也有差异，教师要根据项目的特点、训练的不同时期及训练者个体特征等在训练过程中给予不同的分析。

2. 从严

从严，一方面是指训练队的管理，须制订训练规章制度，严格管理。要根据训练者身心发展的规律，针对训练的不同阶段，结合具体情况进行科学管理。另一方

面是指训练过程，包括训练计划的制订与实施、训练技术和负荷指标的质量保证以及训练作风的培养等，都要严格要求。因此，要在不同训练内容、不同训练阶段、不同周期、不同训练课上甚至每一个练习的细节上高标准、严要求。

3. 从实战出发

"从实战出发"是这一训练原则的核心，体现在训练上为要突出专项训练，这是现代运动训练的最根本原则。训练要从实战需要出发，并增加比赛性练习，提高训练者实际的比赛能力。

4. 大负荷训练

运动负荷是指训练过程中，通过各种身体练习手段与方法及比赛对训练者有机体（生理与心理）所施加的刺激。

根据训练者的实际水平，必须进行大负荷（包括训练负荷量和负荷强度）训练。

在训练过程中，大是必须的，但必须是同一性质的基础上的大，是符合专项特点、提高专项成绩所必需的。

五、系统训练原则

（一）系统训练原则概念

系统训练原是指持续地、循序渐进地组织运动训练过程的训练原则。这一原则的确立与运动训练过程的连续性和阶段性的基本特性密切相关。它一方面指出，训练者只有长时间、持续地进行训练，才有可能攀登竞技运动的高峰；同时又强调在一般情况下，必须循序渐进地而不是突变式地增加训练负荷，才能取得理想的训练效果。

（二）系统训练原则的理论依据

1. 人们认识客观事物从已知到未知的规律性

各运动项目的知识以及竞技能力各要素的发展都有各自的体系和内在联系，反映了各运动项目由低到高、由易到难、由简到繁发展的规律，也反映了人们认识客观事物从已知到未知的规律性。因此，要根据运动项目自身体系及其内在联系，以一定的顺序安排训练内容，选用训练方法和手段，使训练者循序渐进地掌握技术、战术，发展身体素质，并逐步提高要求，以取得良好的训练效果。

2. 人体生物适应的长期性

包括体能在内的构成训练者竞技能力的各个部分均需要经过长时间的训练才能得到明显改善和提高。训练者体能的改变要以形态和机能系统的提高为基础，从而表现出来高度发展的运动素质，训练者有机体对训练负荷的生物适应必须通过有机体自身的各个系统、各个器官等的逐步改造才可形成。

3. 训练效应的不稳定性

训练者在负荷作用下所提高的竞技能力具有不稳定的特点，当训练的系统性和连续性遭到破坏而出现间断或停训的时候，已经获得的训练效应也会消失以至完全丧失。为避免这种情况，必须在训练效应产生并保持一定时间的基础上重复给予负荷，使训练的效应得到强化和累积，并不断改进和完善。

4. 人体生物适应的阶段性

人体在训练负荷下的生物适应过程不仅是长期的，同时也是阶段性的。机体对一次适宜训练负荷的反应可分为工作、疲劳、恢复、超量恢复和训练效应消失等几个阶段。在更长一个时间的跨度内，如几个月至一年的训练过程中，运动员机体能力的变化同样经历着不同的阶段，这就是竞技状态的形成、保持和消失阶段。

（三）贯彻系统训练原则的要求

1. 按阶段性特点组织训练过程

运动训练过程的组织实施必须遵循其阶段性的特点，有步骤、有秩序地进行。而这一步骤是按固有的程序排列的。坚持全年、多年的不间断训练，保证训练者的有机体所产生的一系列适应性良好变化能够获得长期的积累，使训练水平逐步提高，这就要求训练过程的每次课、每个小周期、每个训练时期以至每个训练大周期都与上一次课、上一个小周期、上一个训练时期和上一个训练大周期有机地联系起来，使之在原有的基础上不断提高。

训练内容、训练方法和训练手段的选择是以各训练时期、各训练阶段的具体训练任务为基础，都应充分考虑它们之间的内在联系和本身特点。一般要按由易到难、由简到繁、由浅到深、由已知到未知的要求进行安排。

2. 保持训练的系统性

为保证训练过程系统不间断地进行，要使训练的各阶段有机地衔接起来。系统的训练活动必须以健全的训练体制作为保证。如我国的三级训练体制，包括中小学课外训练、业余体校和竞技运动学校的训练以及优秀运动队的训练三个层次。三级训练体制担负着训练过程中不同阶段的训练任务。各训练的组织形式之间要密切配合，在内容的安排、训练和比赛的要求以及所承担的具体任务上都要有机地衔接起来。

3. 防止运动员发生伤病

训练过程中，要充分注意并采取有力措施防止发生运动伤病。运动伤病将影响训练的系统性和连续性，产生伤病还会使训练长期中断，甚至影响训练者的运动寿命。

六、适宜负荷原则

（一）适宜负荷原则的概念

适宜负荷原则是指根据训练者的现实可能和人体机能的训练适应规律，以及提高训练者竞技能力的需要，在训练中给予相应量度的负荷，以取得理想训练效果的训练原则。

训练者在训练中承受了一定的运动负荷后，必然会产生相应的训练效应。但并不是施加了负荷就一定会产生良好的训练效应，因此，合理地安排训练负荷意义重大。在训练实践中，合理地安排训练负荷主要体现在以下方面：能够根据训练任务、训练对象水平，逐步且有节奏地按照人体机能的适应规律加大运动负荷，直至最大限度；要求训练中遵循"加大—适应—再加大—再适应"的规律去安排运动负荷；负荷的递增是在一定的生理变化范围内，通过人体适应过程的规律而实现的。

（二）适宜负荷原则的理论依据

1. 超量恢复规律

在运动训练的过程中，训练者有机体对运动负荷的反应一般为耐受—疲劳（能量消耗）—恢复—超量补偿（恢复）—消退等特征（如图 4-1 所示）。训练后，若安排了足够的恢复时间，在身体结构和机能重建完成后，运动中所消耗的能量等物质以及所降低的身体机能不仅能得以恢复，而且会超过原有水平，这种现象称作"超量补偿"或"超量恢复"，一般将由于超量补偿所导致的机能改善称为"训练效果"。产生尽可能多的训练效果是运动训练的目的。在一定的生理范围内，负荷刺激越大，机体能量消耗越多，疲劳程度就会越强烈。负荷解除后，如果能科学地安排一定的休息时间和休息方式，那么能量物质的恢复就会越快，产生超量恢复的水平就会越高，人体在此基础上所表现出的运动能力也就越强。

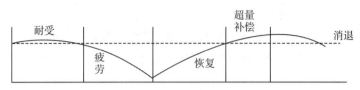

图 4-1 一次训练课引起的身体机能的基本变化过程①

在训练实践中，对机体的负荷通常都是连续施予的，几次负荷之间不同的间隔与联系会产生不同的效应。如果在前次负荷后机体的超量恢复阶段再施予负荷，会使机体水平不断提高；而如果前次负荷后运动员的机体还没有得到恢复便再次施予负荷，则会导致机体水平的下降。

2. 生物适应规律

适应性是生物体最基本的生理特征之一。适应性表现在若长期施加某种刺激，机体会通过自身形态、结构与机能的变化以适应这种刺激。人体对训练刺激的适应也不例外。有机体在生理极限范围内承受一定负荷的过程中会产生某种适应性反应。当有机体适应这一负荷后，会出现"机能节省化"现象。如果一段时间内，负荷刺激仍停留在原来水平上，有机体的机能水平就将停留在原来水平上。因此，只有在适应的基础上，不断通过加大负荷对机体施加更强烈的刺激，使机体不断获得新的适应，才能提高运动竞技能力水平。

3. 过度负荷

过度负荷是指超过训练者的承受能力，导致机体产生严重劣变的训练负荷。在训练过程中，如果施加于训练者的训练负荷超出训练者在该时期所能够承受的负荷极限，机体各系统功能的正常运行会遭到破坏，甚至会造成组织损伤等病理性劣变，破坏已经获得的积极的训练效果，还会损坏训练者的身心健康。因此，在训练过程中，要科学分析训练者的机体承受负荷的最大能力，避免盲目过大或过快地施加负荷。

（三）贯彻适宜负荷原则的基本要求

运动负荷是指训练过程中，通过各种身体练习手段与方法以及比赛，对训练者有机体（生理与心理）所施加的刺激。运动成绩来自运动负荷的作用，是运动负荷所产生效应的综合结果。

1. 正确理解负荷的构成

运动负荷包括定性和定量两部分（见图 4-2），只有对训练手段与方法定性后，

---

① 全国体育院校教材委员会. 运动生理学 [M]. 北京：人民体育出版社，2002：322.

再做定量，才能对负荷做出正确的计量。

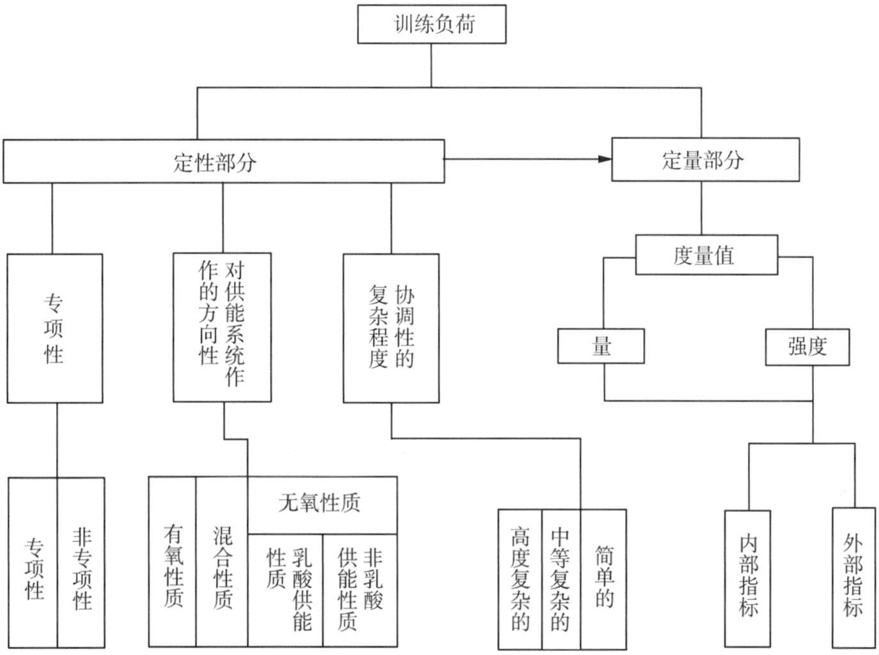

图 4-2　训练中运动负荷的含义示意图①

（1）训练负荷的定性。

①训练负荷专项性。专项是指与运动员训练水平相似的比赛本身，指负荷要与训练者所参与的、与自己训练水平相称的比赛要求相符合，专项的特点是随着运动水平的提高而不断变化。专项训练是提高运动成绩的直接因素，是取得高水平成绩的唯一途径。

②训练负荷对能量供应系统作用的方向性。一切人体运动都需要通过肌肉的收缩来实现，肌肉运动的能量供应有三个供能系统（磷酸原系统、乳酸能系统和有氧氧化系统），分别参与不同工作时间、不同工作强度、不同能量需要的竞速运动。训练的重点则是根据项目要求的不同，发展相应的能量供应系统。因此，确定练习时肌肉工作主要以哪些供能系统产生作用是负荷定性的内容之一。

③动作协调性的复杂程度。动作协调性的复杂程度是训练中客观存在的，而区分它是运动负荷定性的一个方面。如在周期性运动项目中动作协调性的复杂程度比较单一，对运动负荷的影响不大；但跳跃或投掷类项目，动作协调性的复杂程度则决定着负荷的大小与比赛的效果。动作协调性的复杂程度越高的练习，有机体承受

---

① 延烽，赵志英，郑晓鸿. 青少年运动训练 100 问［M］. 南京：河海大学出版社，2000：147.

的负荷就越大。要对此做出量化的定性难度较大，目前在很大程度上还是经验性的评定。

（2）负荷定量。

运动训练过程中的任何一个负荷都包含着负荷的量与强度两个方面。前者反映负荷对机体刺激的量的大小，后者反映负荷对机体刺激的深度。

①负荷量的评价指标。一般有次数、时间、距离、重量等。次数是指训练中重复练习的次数；时间是指统计单位中（一种练习，一次课，一周、一年或其他单位）训练的总时间；距离是指完成各种周期性练习的距离；重量是指完成练习的总负重量。

②负荷强度的评价指标。常常通过练习的速度、远度、高度、单位练习的负重量或练习的难度予以衡量。这些测量的方法和指标分别适用于不同的运动项目和不同的练习。

2. 正确认识负荷刺激的生理临界

负荷量度的增加会带来更好的训练效果，而且越接近训练者承受能力的极限，效果就越明显。因此，尽管这样做很困难，但教师都努力寻找这一负荷极限。

运动负荷的大小是相对的，是由人体存在的个体差异及个体在不同时期承受负荷最大限度的能力所决定的。因此，科学地安排运动负荷的前提是必须科学地分析每一阶段每位训练者所能承受负荷的生理临界线及其变化阈值。作为教师，只有随时掌握这条临界线的动态变化特点，才能使负荷安排做到有的放矢，富有针对性。负荷量度临界值的大小既随运动员的发育程度、竞技水平等较为稳定的状态的变化而变化，又受到运动员健康状况、日常休息、心理状态因素的影响，因此测定评价必须有充分的科学依据。

在实践中，要掌握这条生理临界线，往往借助于生理生化指标来分析。负荷刺激的生理临界线很难把握，需要教师不断在实践中探索。

3. 正确处理负荷量与负荷强度的关系

负荷量和负荷强度构成了负荷的整体，它们彼此依存又相互影响，由于运动负荷的表现形式多种多样及组合方式千变万化，处理好两者的关系是正确安排运动负荷的关键。任何负荷的量都是以一定的强度为条件而存在的，任何负荷的强度又都是以一定的量为其存在的必要基础。一方面的变化必然会导致另一方面的相应变化，在分析负荷的大小时，一定要将这两方面综合考虑。

4. 训练过程的监测与控制

训练过程中负荷安排不当是造成运动损伤、过度疲劳的主要原因之一，因此在训练过程中要注意及时把握不同时期训练者的竞技能力状况，运用综合方法和手段建立科学的诊断系统，选取可靠的指标，分析训练过程和训练效果，及时准确地判断负荷的适宜度和恢复程度以及训练实际效果与预期目标的偏离情况，并进行及时调控，使训练始终围绕预定计划进行，从而保证最佳的训练效果。

七、适时恢复原则

（一）适时恢复原则的概念

适时恢复原则是指及时消除训练者在运动训练中所产生的疲劳，并通过生物适应过程产生超量恢复，提高机体能力的训练原则。在长期的运动训练过程中，只有当训练者的有机体得到适宜的恢复，才能保证获得理想的训练效果。早期运动训练中，人们主要将精力放在运动训练方面，认为恢复是自然发生的事。20 世纪七八十年代，人们逐渐意识到没有恢复就没有训练，恢复在运动训练中也占据重要的地位。到了 20 世纪 90 年代，随着运动训练本质被逐步揭示，人们意识到，恢复甚至比训练本身还重要，教师在设计训练时也将恢复提高到非常重要的地位。

（二）适时恢复原则的理论依据

1. 恢复与身体结构、机能的重建

训练过程实际上是一个反复进行的身体结构与机能的破坏与重建过程。运动负荷使运动员消耗大量的能源物质，引起微细结构产生某种程度的损伤，以及造成内环境紊乱等，然后在恢复期，利用机体所具有的适应性特点，进行结构与机能的重建，使得运动能力得到一定改善。而结构与机能的重建需要一定的时间过程。若在恢复不完全的情况下进行下一次训练，不但不能提高运动能力，反而会加重微细结构的损伤程度，使运动能力进一步下降，并需要更长的恢复时间。因此，从某种意义上说，恢复意味着给予机体足够时间在训练后进行结构与机能的重建，以承担随后更大的训练负荷。

2. 超量恢复规律

人体机能能力和能量储备由负荷后暂时下降和减少的状态回复到负荷前水平的过程，称为恢复。在恢复过程中，能源物质的补偿在一段时间内超过原有水平，这种现象叫超量恢复。超量恢复持续一段时间后再下降到原有水平，即完成了一次训练负荷后恢复的全过程。

在一定范围内，运动负荷越大，消耗越剧烈，恢复过程就越长，超量恢复也就越明显。正是由于运动训练能引起超量恢复反应，使得训练者竞技能力的提高成为

可能并为之奠定了物质基础。所以，运动训练的恢复不是满足于恢复到先前水平的恢复，而是要追求超量恢复。

3. 疲劳消除规律

机体产生疲劳和消除疲劳是有规律的。其中，负荷训练和恢复训练的统一规律是指在训练的具体过程中，客观存在着负荷和恢复两类不同的相互依存、相互影响的同步过程；负荷刺激—疲劳产生的效应规律是指在大强度或长时间的负荷刺激下，机体必然产生相应程度的疲劳症状；机体下降与机能恢复的异时性规律是指在负荷训练和恢复过程中，机体机能的下降程度或提高过程均有异时变化的特点；负荷性质与恢复方法的对应规律是指负荷性质与恢复方法之间存在着紧密的对应关系。

显然，认识这些规律对于延缓疲劳产生、强化机能恢复、消除机体疲劳的意义十分重大。

（三）适时恢复原则的训练学要点

1. 合理地制订训练计划

一般训练计划建立在两种假设的基础上：一是所有的训练者都能从训练中恢复过来；二是不同的训练者恢复的速率和水平是一致的。但要注意的是，首先，训练者除训练外还有其他生活内容。这些活动是很难控制的，训练者可能在投入训练时已经处于某种程度的疲劳状态，这可能导致训练者在没有获得完全恢复的状态下就进行训练，并会影响下一次训练的效果。其次，不同训练者的恢复状况和恢复时间是不一致的，不同训练者的身体素质状况是不同的。因此，教师在制订训练计划时，不仅要包括运动训练内容，也要包括恢复和适应过程。

2. 正确认识负荷与恢复的关系

必须深刻认识训练过程中负荷训练和恢复训练并存的客观规律。这种规律不仅表现在负荷训练与恢复训练过程相继进行的特征上，而且表现在过程同步进行的特征上。因此，在训练实践中，不仅应认真规划负荷阶段中的负荷量、强度、时间、方式等系列因素，还应同时将恢复训练的措施、方法、效果等因素放在同等重要的位置上来考虑；在以提高人体机能为主要目标的负荷训练过程中，要特别重视及时穿插恢复训练。

3. 正确分析疲劳的产生机理，判断疲劳程度

19 世纪 80 年代以来，人们对运动性疲劳产生的机理提出多种假说，最具代表性的有"衰竭学说""堵塞学说""内环境稳定性失调学说""保护性抑制学说""突变理论""自由基学说"等。教师只有根据训练具体情况来分析运动疲劳产生的原

因，才能有针对性地制订恢复计划。

科学判断运动性疲劳的出现及其程度对合理安排体育教学和训练有重大实际意义。由于引起疲劳产生的原因和部位不同，疲劳表现的形式不相同，选用的测试方法也应有区别。通常是根据自我感觉和外部观察来进行的，也常常采用一些比较客观的生理和心理测试方法。

4.采取消除疲劳的措施

（1）恢复方式。

在运动实践中，一般有两种恢复方式即自然性恢复方式和积极性恢复方式。自然性恢复方式是指训练者训练后按日常作息或处于静止状态获得恢复的方式。积极性恢复方式是指运动结束后采用变换运动部位和运动类型以及调整运动强度的方式来消除疲劳的方式。

（2）恢复手段。

恢复手段一般包括训练学恢复手段及睡眠、医学、生物学、营养学、心理学恢复手段。

①训练学恢复手段。主要包括变换训练内容和训练环境，交替安排负荷，调整训练间歇的时间与方式，在训练课中穿插和采用一些轻松愉快、富于节奏性的练习等训练手段。

②睡眠是消除疲劳的重要手段。睡眠是机体借以维持正常生命活动的自然休息方式，在睡眠状态下，人体内代谢以同化作用为主，异化作用减弱，可使训练者的精神和体力得到恢复。自然界的很多事物存在周期性的规律，训练者的生活作息也应有周期性的规律，应培养训练者有规律的生活作息，以缓解疲劳的积累。

③医学、生物学恢复手段。主要包括理疗恢复手段，如水浴、电疗、热疗、蒸汽浴、漩涡浴、氮水浴、含氧浴等，其他手段还有按摩、紫外线照射、红外线照射等。另外，中医药调理也有利于增强免疫能力，改善代谢调节状况，提高机体恢复能力，加速疲劳消除能力。

④营养学恢复手段。由于运动时能量消耗大，运动后的能量补充除了考虑补充物的数量，还应注意各种营养素的适宜搭配。

⑤心理学恢复手段。心理学恢复手段可以加速训练后疲劳的消除，降低神经、精神紧张程度，调节运动员的情绪，减轻心理的压抑，对加速身体其他器官和系统的恢复过程产生积极的作用。采用心理调整措施恢复工作能力、减轻心理压抑、消除焦虑等主要是利用自我暗示、放松训练、音乐、气功等手段。

▶▶▶ 第三节　体能训练内容

体能训练涉及身体形态、身体机能、运动素质、健康等诸因素。身体形态是指人体的内外部形状。身体机能是指机体各器官系统的功能，它是身体活动能力的基础。运动素质是指机体在中枢神经系统控制下，在运动时所表现出来的各种基本运动能力，通常包括力量、速度、耐力、柔韧、灵敏等。此外，健康（指人在身体、心理及社会适应方面的良好状态）的身体是运动员参加训练活动的必要条件。

构成体能的身体形态、身体机能、运动素质三个因素既相对独立，又密切联系、彼此制约、相互影响。其中，每一个因素的水平都会影响到体能的整体水平。三个构成因素中，运动素质是体能的外在表现，所以运动训练中多以发展各种运动素质作为体能训练的基本内容。

一、力量训练

（一）力量的含义及其分类

力量是指人体或身体的某一部分克服阻力的能力，力量常被人理解为是一种身体素质，是从事各类运动项目的基础。

按传统的分类，力量可分为绝对力量（最大力量）、速度力量和力量耐力。

1. 绝对力量

绝对力量是指训练者尽自己最大努力，克服最大阻力时所表现出来的能力。

在大多数需要克服器械及人体重力性阻力的竞技项目中，如在女子铅球比赛中，运动员在投掷时，需要支撑器械的重力性阻力就是由 4 千克铅球产生的阻力，这种阻力并不因运动而增减，此时 4 千克为训练者所承受的最大阻力，而投掷远度将从一定程度上反映该训练者绝对力量水平的高低。

2. 速度力量

速度力量是指训练者在克服一定阻力时，使器械或人体产生一定的位移，即训练者在克服一定阻力时表现出来的加速度能力。它的大小与克服阻力的那部分肢体的运动速度有关。速度力量实际上就是训练者在特定的负荷条件下所表现出来的最大动作速度。所以，速度力量的训练本质是动作速度的训练。爆发力是速度力量的典型表现形式。

3. 力量耐力

力量耐力的表现形式是，在一定阻力的情况下，训练者可能工作的时间长短或重复次数多少的能力，即训练者在一定阻力情况下克服疲劳的能力。因此，力量耐力同时也是耐力的表现，它与绝对力量的大小没有决然的正相关。如某一个运动员绝对力量为 100 千克，另一个运动员绝对力量为 50 千克，如器械质量为 3 千克，那么谁工作时间长，就不能肯定；如器械质量为 35 千克，当然可以肯定前者的工作时间长。也就是说，运动员单纯性力量的大小，在克服某种阻力时，并不决定其工作时间的长短。

（二）力量训练方法

1. 最大力量训练

（1）肌肉工作的方式。

主要以克制性和退让性相结合的动力性工作方式为主，两者时间的比例为 1∶2，例如，举杠铃用 1 秒，放下杠铃就要用 2 秒。也就是说，完整完成一次举杠铃练习为 3 秒，重复 10 次练习就需 30 秒。动力性练习的量不应该超出发展最大力量的工作总量的 20%～30%；静力性练习的量不应超出力量训练总量的 10%。

（2）阻力的大小。

发展最大力量的负重量应用该练习中所能达到的极限重量的 70%～90% 的重量。这个重量可使肌肉内协调提高，肌肉体积增大。

（3）完成练习的速度。

依靠改善肌肉内协调和肌间协调来提高力量，中等动作速度最好，每个动作为 1.5～2.5 秒；如用增加肌肉体积来提高最大力量的水平，则动作速度应低些，每个动作为 4～6 秒；同时，动作的克制性部分的时间应比退让性部分的时间少一半。

（4）完成一组练习的时间。

如果练习的目的是要改善肌肉内协调，则其重复次数通常为 2～6 次。如果负重较小（为最大负重量的 30%～60%），并且是为了改善肌间协调，则重复次数可以达 15 次到 20 次。依靠肌肉体积的增大来提高力量时，最好是采用 30 秒至 60 秒重复 8～12 次的练习。也就是说，每个动作大约可用 4～6 秒。这样长的工作时间可以完成足够大的负重练习（最大重量的 80%～90% 的重量），这样的话，一方面可以刺激最大力量的增大，而且又可以使相当多的肌纤维参与工作。

（5）组间间歇的时间。

可根据心跳频率合理地确定间歇时间。因为心跳频率的恢复与工作能力的恢复大都是同时的。因此，心跳频率恢复到工作前的水平就是新练习的开始信号。组间间歇内应当做小强度的工作，放松练习，自我按摩。依靠增大肌肉体积来发展最大力量的方法，其间歇相对不长。起局部作用的练习之间为 15～30 秒，起较大部位作用的练习之间为 20～45 秒，起总体作用的练习之间为 40～60 秒。

（6）在一次课中的重复数量。

如果练习动员了大量的肌肉参与工作，则这种练习的数量不宜过大，每一次练习为 10～15 组。做这类有大量肌肉参与工作的练习，如不是让肌肉体积增大来发展最大力量的话，可做 40～50 分钟；而依靠肌肉体积增大来发展力量的话，则安排在 30 分钟以内。如果是陆上的局部性练习，它的数量可达 20 组。

2.速度力量训练

（1）肌肉的工作方式。

发展速度素质的肌肉主要工作方式是动力性的，尤其是克制性的动力工作方式。

（2）阻力的大小。

阻力指标的范围相当广。促使单块肌肉和肌肉群能力发展的一般性、辅助性训练练习的负重量可采用训练者所能达到的最大重量的 70%～90%。在动作结构和肌肉工作方式接近于比赛动作的练习中，负重量可用最大重量的 30%～50%。专项练习（比赛的动作、短段落、跳跃的比赛动作等）的阻力大小可用与比赛相等或者与之没有极大差异的阻力。

如果训练者要发展力量部分，负重量可取上述指标的上限。而要促使速度部分提高，则取上述指标的下限。

（3）完成练习的速度。

发展速度力量的练习应当用极限或近极限（训练者可能达到的速度的 90% 以上）的速度。如果主要是提高力量部分，那么通常用近极限的速度；如果是发展速度部分，则用极限速度。

（4）完成单个练习的时间。

这个时间的标准就是应当保证训练者在完成练习时工作能力和速度不产生下降。因此，各种一般训练练习的重复次数为 1～2 次至 5～6 次。其变化是由负重大小、训练者的训练水平和技术水平，特别是由练习的结构决定的。

用专项力量训练手段组成的练习，其时间为完成一次比赛动作所需时间，负重加速或不负重加速从 5 秒到 10 秒。

（5）组间间歇的时间和性质。

休息间歇的长短应当以保证训练者的工作能力得到充分恢复，非乳酸氧债消除来定。练习的间歇时间为 1～3 分钟。这要根据参与工作的肌肉数量，运动员恢复过程的特点、训练水平和技术水平来决定。

间歇中可安排低强度活动。这样可使恢复过程得到强化，保证下次练习处于最佳的状态，并由此可缩短每次练习和每组练习之间休息间歇的时间（那样做可把时间缩短 10%～15%）。

（6）一堂课中练习的次数。

通常在一堂课中练习的量不大。量要根据练习的性质、练习是对速度力量的哪一部分起作用来定。一堂课中发展速度力量的练习通常不超过 15～20 分钟。

对从事周期项目的训练者来说，实际上并不安排单一发展速度力量的课。速度力量的练习只是作为各种综合课的组成部分来安排的，并且一般是在训练者的工作能力处于良好状态时进行。

3．力量耐力训练

（1）肌肉工作的方式。

肌肉工作的主要方式是克制性与退让性工作相结合的动力性工作方式。在相当大的范围内还可以利用静力性的练习。

（2）阻力的大小。

阻力的变化范围可以很大，尽管在完成个别练习时用力可达到极限用力的 70%～80%，但在负重练习时，大部分练习的负重主要采用最大负重的 40%～60%。

在做专项训练练习时，所选阻力大小可用等于比赛性练习的阻力或用超过此阻力 10%～30% 的阻力。静力练习的用力大小可采用在每个具体练习中所能达到的力量的 70%～100%。

（3）完成练习的速度。

完成各种专项练习的速度主要是要使练习能保持比赛性练习的基本时间特征，因此速度通常接近于比赛性练习的速度。

在完成一般性和辅助性的负重练习时，动作的主要速度同样也应是比赛性练习的速度。不过也可以做较大的变动，可从中等速度增加到接近比赛性练习的速度。

（4）完成一组练习的时间。

动力性练习通常要做多次，直到训练者产生很大疲劳为止。做负重力量练习时，重复次数可从 20～30 次直至 150 次。这个指标的变动根据是训练者的训练水平、技术水平、专项以及所采用的练习的特点。

静力性工作的一次练习时间可为 10～12 秒或 20～30 秒，这要根据训练者的训练水平及负重大小而定。

进行各种专项练习时，练习时间在相当大的程度上是由所从事的专项的距离长度决定的。大多数练习的时间为 2～30 分钟，个别情况可达到 5～10 分钟。

（5）组间间歇的时间和性质。

间歇时间可安排在 30～90 秒，根据练习的时间和参与工作的肌肉多少而定。如果练习的时间相当短（20～60 秒），而又必须使疲劳积累，那么下一次练习可在工作能力没有完全恢复时就进行。间歇时间可根据心跳频率的恢复情况确定。当心跳频率恢复至每分钟 120～140 次，就可开始下一次的练习。

如果练习时间较长（2～10 分钟），并且希望每次练习都产生良好效果，那么间歇时间就应使工作能力充分恢复到工作前的水平，或接近于工作前水平。

二、速度训练

（一）速度能力的含义及其分类

速度能力是指人体进行快速运动的能力。它包括快速运动反应能力和快速动作能力。

1. 快速运动反应能力

指在要求急速运动反应的状态下，表现紧急反应的能力。与反应速度有关。

2. 快速动作能力

指保障各种直接决定动作速度特征的有机体的活动迅速运作的能力。与动作速度、动作速率有关。

在许多训练理论中，"速度素质"是人体快速完成动作的能力和动作反应时间的总称。有的理论中把"移动速度"也列为该素质的组成成分，显然并不确切。因为"移动速度"实际上是力量、耐力、技术、柔韧以及动作速度、动作速率等内容的总和。因此，快速能力是人的各种功能系统所表现出来的某种特性的总和，不应当与外部记录的运动动作的速度特征（单个动作的速度、动作交替的速率等）等同起来。后者不仅取决于那些本身属于快速能力的因素，而且取决于力量和其他运动能力。

（二）反应速度的训练原理

（1）反应速度存在着转移的现象，即人对一些情况反应较快，对另一些情况也会有较快的反应，各种各样的动作速度练习都可逐步提高简单反应速度。不过这种转移是不可逆转的，即反应速度的练习并不影响动作速度。

（2）反应速度的提高在很大程度上取决于训练者对信号做出回答性反应动作的熟练程度。这是因为动作熟练后，一旦信号出现，中枢神经无需再花费较多时间去沟通与运动器官之间的反射联系。

（3）动作反应与心理训练因素有关，与训练者集中注意力的能力、辨别信号的能力、准确辨别细微时间间隙的感觉能力有关。训练时，对这些能力都应进行训练，把身体训练与心理训练结合起来。

（三）速度训练方法

1. 快速运动反应训练

（1）完整练习法。

完整练习法即让训练者用早已掌握的完整的各种简单的动作或复杂的动作（或组合），尽可能快地对突然出现的信号或突然改变的环境反复做出反应。如反复完成蹲踞式起跑；根据教师发出的信号改变动作方向；对对方的各种动作做出预定的反应动作等。这种训练对刚参加专项训练的人来说效果是明显的。再往后，如仍用这种方法来巩固和提高反应速度就较困难。

（2）分解法。

由于简单动作反应是通过具体的、有目的的运动动作及其组合来实现的，因此，可发挥分解法充分利用动作速度向简单动作反应速度转移的效果。分解法就是分解回答性动作，使之处于较容易完成的条件下，通过动作的分解来提高局部动作的完成速度，从而提高反应速度。例如，田径运动员采用蹲踞式低姿起跑的反应时间较长的原因主要是运动员的手臂支撑着较大的重量，要较快地离开支撑点是困难的。因此，可用分解法将其分为两步进行，先单独练习对起跑信号的反应速度（如用高姿起跑或手扶其他物体），而后不用起跑信号单独练习第一个动作的速度。这样做，最终可取得良好的效果。

（3）变换法。

让训练者在变化的情况下去完成练习，即根据动作的强度和具有时间变化的信号刺激，明显改变练习的形式和环境来提高简单动作反应速度。应用变换法还可在接近比赛的条件下，结合采用专门的心理训练来做发展简单动作反应速度的练习。这样可使训练者逐渐适应多变的环境，消除妨碍实现简单动作反应的多余紧张，避免兴奋的不必要扩散。

（4）运动感觉法。

运动感觉法是心理训练与身体训练相结合的一种方法。练习分三个阶段：第一阶段，训练者用最快的速度对信号做出反应，如做 5 米的起跑，每次练习后从教师那儿获得该次反应练习的实际时间；第二阶段，训练者自我判断反应时间，并立刻与教师的实测时间进行判别比较；第三阶段，当这些刺激比较能在大多数情况下吻合时，训练者就能准确确定反应时间的变化，按所要求的速度去完成练习，逐步自由地掌握反应速度，使反应速度得到提高。这种方法的基础是基于这样的一个原理：辨别时间差的能力越强，越精细，如达到 0.1 秒，那么训练者就可把这种准确差的感觉转移到反应速度上来。

提高简单反应速度的方法还有许多，如培养训练者把注意力放在将要进行的动作上，比训练者把注意点集中在信号上的反应速度要快一些。又如，由于反应动作的完成与动作开始前肌肉的紧张程度有关，肌肉紧张反应速度就快，因此更要做好完成动作的准备。如让训练者起跑前把脚贴紧起跑器，使小腿肌肉预先紧张起来，做好完成动作的准备。

2. 快速动作能力训练

动作速度训练的主要方法有重复法、比赛法和游戏法。

（1）重复法。

运用这种方法时要使训练者能在练习时最大限度地表现出动作速度，并能在专门化的条件下，通过练习程序的变换促使各种速度之间产生最大可能的转移，减少技术动作定型对速度提高的影响。练习程序的变换可采用下述一些措施。①

①改善速度练习的外部条件，利用辅助的、能使动作产生加速的力量。在负重练习中，减少重量能在普通的条件下促使动作速度不断提高，因为在同一练习中，动作结构相同，速度转移是良好的。在克服自身体重的练习中，可采用助力来减轻体重。

②利用动作加速后的后效作用以及器械重量变化后的后效作用。实践和实验证明，在完成上一次动作的影响下或在上一次类似重量的负重动作影响下，可以使动作速度暂时得到提高，例如，在跳高前先负重跳，在推标准重量的铅球前先用加重的铅球推等。这是由于在第一次动作完成后，神经中枢剩余的兴奋在随后的动作过程中依然保持着运动指令，从而可以大大缩短动作进行的时间，提高加速度和工作

---

① 邹毅超. 体能训练的理论与实践研究：体能训练对大学生体质健康的影响［M］. 西安：西安电子科技大学出版社，2019.

的力量。但这种后效作用的产生取决于负重重量的大小和随后减轻的情况，练习重量的数量和采用标准的、加重的、减轻的重量的练习交换的次序。

③采用领跑和声响、灯光信号发出速度感觉指令。领跑的方法主要是努力建立达到必要动作速度的实物方向标，同时可以努力减少动作速度的障碍（空气的迎面阻力）。利用声响、灯光信号发出速度感觉指令可以提供必要的动作节奏或控制动作速度的变化。

④利用"疾跑"效果，把加速阶段引入主要动作练习。大多数速度练习都包含有从静止到最大速度的"疾跑"阶段，如在短跑练习开始时的加速度，田径跳跃项目、技巧和体操支撑跳跃中的助跑，投掷中的预备动作等。"疾跑"是在练习的主要阶段提高速度的最重要前提。因此，在一定的情况下要采用合理的辅助加速动作，并把它引入练习的最后阶段。例如，推铅球最后出手前附加转体；在体操支撑跳跃中，采用起跳后触悬挂物体来增加蹬地的动作加速度。

⑤缩小练习完成的空间、时间界限。运动活动中速度表现的平均水平主要是受专项活动持续时间的影响，因此在培养动作速度的过程中，可以限制练习的总时间及练习完成的空间条件，使动作能以最大速度完成，从而提高训练效果。例如，在周期性项目练习中，可以缩短练习距离，只安排近似于比赛距离的练习。在球类和一对一对抗的项目中，限制活动的时间、场地，从而使训练者能加速移动。

（2）比赛法。

比赛法是进行速度训练经常使用的方法。由于速度练习时间短，经常使用比赛法是可能的。经常比赛训练，使训练者有机体表现出最大速度的可能性增加。

（3）游戏法。

游戏法与比赛法的作用一样，可以激发训练者高涨的情绪。同时，由于在游戏过程中能引起各种动作变化，还可以防止因经常安排表现最大速度的练习而引起"速度障碍"的形成。

（四）速度训练安排

要取得速度素质训练的良好效果，训练课中速度练习的时间及训练课在一周中的时间非常重要。

通常，在一堂训练课中，速度练习的量相对于其他练习较小，即使是从事速度性项目的训练者也如此。其原因主要如下。①

---

① 邹毅超. 体能训练的理论与实践研究：体能训练对大学生体质健康的影响［M］. 西安：西安电子科技大学出版社，2019.

（1）速度练习具有极限的强度，并伴有很大的心理紧张。

（2）由于练习后身体产生疲劳，不光练习总强度降低，而且动作的结构和动力学特征，特别是组成专项动作的某部位的动作速度会下降，动作技术特征受破坏，必然会影响训练效果。所以高强度的速度练习在训练课中总量总是较少的。

速度训练练习在课中的安排应考虑安排的时机能保证速度训练练习取得良好的效果。要保证速度练习取得良好效果，必须具备两个必要的条件：

（1）中枢神经系统有相当高度的兴奋性，只有中枢神经系统有了高度的兴奋状态，才能使兴奋与抑制有良好的转换过程。

（2）有机体磷酸肌酸能源物质有充足的供应。

从上述两方面考虑，速度练习一般安排在课基本部分的前半部分。课中练习之间间歇时间的控制也应从上述两个基本条件考虑，既要使练习后神经系统的兴奋性不至于产生本质上的降低，又要使能量物质基本得到恢复。一般来说，次间间歇可安排 2～3 分钟，组间间歇安排 7～10 分钟，每组练习 4 次左右。距离短（工作时间短）、强度要求高的练习放在前面；距离较长、强度次之的练习放在后面。速度训练练习的持续时间最长不宜超过 22 秒。

一周中，训练速度的课宜安排在休息天后的第一天，以及有氧性质负荷课的后一天。不宜安排在速度耐力课后面。具体安排及原因可参看小周期构成的有关问题。

三、耐力训练

（一）耐力素质的含义及分类

耐力素质是指人体在长时间进行工作或运动中克服疲劳的能力。20 世纪 80 年代初，国际运动医学联合会对"疲劳"做出下述定义，即不能维持预定的工作强度则称为疲劳。从这一定义出发，以任何一种强度进行工作都会产生疲劳。也就是说，不仅在高强度、长时间的工作中产生疲劳，而且在低强度、短时间的工作中同样产生疲劳。训练者无论进行何种强度的工作，在工作进行中都可能会出现不能再坚持该种强度的时候，或因各种因素的相互不协调而产生强度波动的状态。实际上，这种不协调本身就是由某些因素疲劳而产生的反应。因此，对于任何一种工作强度来说，都存在着耐力的问题。根据工作特征的不同，疲劳可分为智力上的疲劳、感觉方面的疲劳、感情上的疲劳及体力上的疲劳。在运动训练过程中较有意义的是由肌肉活动引起的体力上的疲劳。这里的耐力素质主要是指克服运动活动过程中体力上疲劳的能力。

凡有疲劳产生的情况，就有耐力问题。从供能情况看，百米跑就存在提高耐力的问题。百米跑可分成四个阶段：第一是反应阶段，第二是加速阶段，第三是最大速度的保持阶段，第四是减速阶段。第四阶段就属于磷酸能消耗殆尽，产生乳酸性无氧供能的状况。如何提高磷酸能供能储备就成为百米跑的耐力问题。[①]

在运动实践中，往往要对耐力素质进行分类，以便在训练中有针对性地安排训练内容。

1. 从运动时能量供应系统角度分

耐力可分为无氧耐力与有氧耐力。无氧耐力又可分为磷酸肌酸供能体系的耐力和乳酸能供能体系的耐力。

2. 从运动训练的角度分

耐力可分为一般耐力与专项耐力。在任何一个项目中，耐力都是一个多因素的能力，因此，训练者的一般耐力是相对于专项而言的，是训练者有机体各种机能特征的综合。

一般耐力训练的任务是要在一般身体训练的过程中有计划地对影响耐力的各个因素进行训练，扩大有机体进行一般工作的机能能力，建立提高专项负荷的条件，并利用素质转移的效果为发展专项耐力打下基础。

一般耐力训练要与提高心血管、呼吸系统机能紧密联系。适宜强度而又能长时间连续工作的能力通常就是"有氧耐力的表现"。它与氧的吸入、输送、利用等有关。对一般耐力来说，有氧耐力培养的任务有两个：一是建立提高运动负荷的前提条件，二是产生耐力向专项练习转移的效果。人体的有氧能力是无氧能力的基础，高度无氧能力应建立在高度发展的有氧过程基础上。因为高度的有氧能力不仅有助于更有效地进行氧化过程，最快地消除无氧过程中积累的乳酸，而且还能最有效地提高肌肉中糖原的贮藏量。而肌糖原贮藏量又与无氧能力直接有关。因此，即使是以练速度耐力为主的中距离跑运动员，虽然这项运动所负的氧债绝对值最大，也应该在发展有氧能力的基础上再过渡到无氧训练。当然在具体安排中需要采用合适的比例。

专项耐力是指在专项负荷的条件下，为了专项成绩而最大限度地动员有机体机能能力，用以抵抗疲劳的能力。

对专项成绩在很大程度上取决于有氧耐力的项目来说，有氧耐力的训练已属于专项耐力的训练，更需要大力发展。无氧耐力在此时亦作为一般耐力的一个相对重要的内容。对有氧耐力起主要作用的项目来说，它们在比赛过程中并非仅有单一的

---

① 王向宏. 体能训练理论与方法：第 2 版 [M]. 北京：北京航空航天大学出版社，2014.

供能体系在工作，依然会有相当成分的无氧过程，所以对无氧耐力虽然不做主要训练，但从提高运动负荷强度来说也应进行必要的训练。

在进行一般耐力训练时，应当充分考虑到专项中各种影响耐力的因素的比例、训练者的实际训练水平、不同阶段内负荷的内容和量等。

（二）耐力训练的方法

（1）各种形式的长时间跑，如持续跑、变速跑、变换训练环境的越野跑、法特莱克跑、间歇跑。

（2）除跑以外的长时间活动及其他周期性运动，如游泳、滑冰、自行车、划船等。

（3）长时间重复做某一非周期性运动，如篮球训练中经常做的各种不规则滑动、跑的练习，排球训练中经常做的滚动救球练习等。

（4）多种长时间游戏及循环练习等。

（三）耐力训练的基本要求

（1）耐力训练应循序渐进。耐力训练应以一定的训练时间、距离和数量为起点，逐步加长时间和距离，再提高到接近"极限负荷"。

（2）耐力训练应注意呼吸。呼吸能力对耐力训练十分重要，呼吸的作用在于摄取发展耐力的必要氧气。机体摄取氧气是通过提高呼吸频率和加深呼吸深度实现的。在训练中应培养训练者加深呼吸深度供氧的能力，并注意培养训练者用鼻呼吸的能力。同时还应加强呼吸节奏与动作节奏协调一致的训练。呼吸节奏紊乱必定会导致节奏的破坏，使能量物质的消耗增加，不利于耐力水平的提高。

（3）无氧耐力训练应以有氧耐力训练为基础。无氧耐力的发展是建立在有氧耐力提高的基础上。这是因为通过有氧耐力训练，训练者心腔增大，每搏输出量提高，从而为无氧耐力的发展打下了坚实的基础。如一开始便是无氧耐力训练，那么心肌壁就会增厚，这样虽然心脏收缩能力强而有力，然而每搏输出量难以提高，从而影响到全身血液的供给，对今后发展不利。所以，在发展无氧耐力之前或同时，应进行有氧耐力训练。在具体训练过程中，则应根据各方面的情况对两者的比例进行科学合理的安排。

（4）要加强意志品质培养。耐力训练不仅是身体方面的训练，也是意志品质的培养过程。因此，在耐力训练中，除了应注意提高训练者的练习兴趣外，还应注意培养艰苦耐劳、坚韧不拔的意志品质。

（5）对运动技术应严格要求，并适当控制体重。发展耐力素质应对技术提出严格要求，并对训练者体重进行适当控制。脂肪过多会增大肌肉内阻力，摄氧量的相对值也会因体重的增加而下降。体重过重，消耗的能量也必然增加，这都会影响耐力素质的发展。

（6）应兼顾女子生理特点。女子体脂约为体重的20%～25%，男子约为10%～14%。脂肪不仅具有填充和固定内脏器官的作用，而且可以储备能量并在必要时供运动消耗。女子的皮下肌肉和一些内脏器官中的脂肪含量较多，并且具有动用体内储存脂肪作为能源的能力，因而进行长距离游泳和长跑等耐力项目的能力很强。由于女子机体能有效地利用储存的脂肪作为运动的能源，故有利于从事较长距离的耐力训练。应当注意的是，女子在月经期间不宜从事大强度、长时间的耐力训练，应避免剧烈运动及其他外部刺激。当然，适量的运动还是必要的。

四、柔韧素质训练

（一）柔韧素质的含义及分类[①]

柔韧素质是指人体各个不同构造的关节所许可的屈伸动作及动作的活动范围。它与训练者的力量能力、速度能力和其他运动能力不同，柔韧素质不属于动作的原动性因素，只是属于支撑运动器官的形态功能特性，它决定着运动器官各个环节相互之间的活动程度。不同的项目对柔韧素质有不同的要求，它在运动活动中有着相当重要的意义。

柔韧性发展的潜在可能受各个关节和韧带装置的解剖特点所限制。动作的实际幅度首先要受到对抗肌紧张度的限制。因此，柔韧性的指标取决于被拉长肌群的放松及对应于动作的肌群的紧张，取决于两者之间能否协调结合的能力。但是发展柔韧性不能仅归结于改善肌肉间的协调性上，还需要包括在改善肌肉和韧带的可塑性基础上，所产生的一系列特殊的形态功能变化。多年进行柔韧性训练，就可发现骨联结的表面产生了改变。

柔韧可以分为一般性柔韧和专门性柔韧两种。

1. 一般性柔韧

通常指训练者在进行一般训练时，为适应和保证一般训练顺利进行所需要的柔韧素质。例如，球类运动员在速度练习时，为加大步幅所需要的腿部柔韧性；田径运动员负杠铃进行深蹲练习时，所需要的大腿后群肌肉表现出来的柔韧性等。

2. 专门性柔韧

通常指专项运动技术所特需的柔韧性。例如，体操运动员为完成各种器械练习

---

① 王向宏. 体能训练理论与方法：第2版 [M]. 北京：北京航空航天大学出版社，2014.

时所需要的肩、髋、腰、腿等部位大幅度的活动，游泳运动员在比赛中所需要的肩、腰的大幅度活动等。专门性柔韧是建立在一般性柔韧基础上的。一般来说，由于柔韧素质极少有选择性，因此，同一身体部位所具备的柔韧性在各种不同的运动项目中都可以表现出来，只是幅度大小不同而已。

（二）柔韧素质训练方法

发展柔韧素质的训练手段与方法很多，我国的武术、杂技、戏曲等在培养演员过程中就有许多行之有效的传统训练手段与方法，如搁腿、耗腿、弯腰、一字步等。发展柔韧素质的手段与方法分为两大类：主动性练习与被动性练习（如图4-3）。在这两类方法中，又都包含着有动力性练习和静力性练习。主动性练习即通过与某关节有关联的肌肉的收缩，增大关节的灵活性。被动性练习即主要依靠有机体某部位自身的重力或肌力作用促使关节灵活性增强。发展柔韧性的练习主要运用了加大动作幅度，拉长肌肉、韧带的原理。

主动动力性柔韧练习可根据其完成动作的特点分为单一的和多次的（如两次重复和多次重复的体前屈）练习形式、摆动的和固定的（如固定支撑点的拉肩）练习形式、负重和不负重的练习形式等。主动的静力性柔韧练习就是利用自身的重力或肌肉力量，在关节或动作处于最大幅度的情况下，保持静止姿势，尽量拉长肌肉或韧带的练习形式，如把杆拉腿、体前屈后静止保持不动等。

被动动力性柔韧练习是指依靠教练员、同伴的帮助，逐渐地加大有机体某一部位的幅度。被动的静力性练习即由外力来保持固定的姿势，如依靠同伴的力量保持体前屈的最大幅度。被动性柔韧练习对于发展主动的柔韧性来说，其效果比主动性柔韧练习差一些，尤其是被动的静力柔韧练习更是这样。但它却可以达到更大的被动的柔韧性指标。而被动柔韧性的指标通常超过主动性柔韧性指标。这一差别越大，潜在的可伸展性就越大，这将使主动动作幅度扩大的可能性也越大。在训练过程中两者的内容安排应兼而有之，对于那些柔韧素质要求极高的运动项目，如体操等项目，被动性柔韧练习是不可缺少的。下面将介绍一般柔韧训练的具体方法。

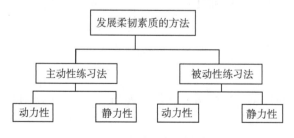

图4-3 柔韧素质的练习方法

1.颈部柔韧性练习

（1）静力性练习。使头部尽可能地屈、伸、侧至最大限度，并维持一段时间的静止练习。

（2）动力性练习。使头部在尽可能大的活动范围内做绕环运动，或练习者双手托下颌，做使头向左、右方向运动的练习。

2.肩关节柔韧性练习

（1）静力性练习。可采用压肩（正、反、侧三个面）、控肩、搬肩练习。

（2）动力性练习。可握棍转肩，或借助橡皮条做拉肩、转肩及风火轮练习（通常称轮臂）。

3.肘关节柔韧性练习

（1）静力性练习。可采用屈肘、反关节压肘至最大活动范围的一系列练习，并使之维持一段时间。

（2）动力性练习。最常用的方法是做肘绕环运动，即固定肩关节的活动，并使上臂保持在一个水平面上，然后以肘关节为轴做绕环练习。

4.腕关节柔韧性练习

（1）静力性练习。可采用屈腕、伸腕至最大活动范围并维持一般时间的控腕练习。

（2）动力性练习。可采用腕绕环运动、抖腕运动等手段。

5.腰部柔韧性练习

（1）静力性练习。主要方法有下腰、控腰两种。

（2）动力性练习。可采用腰绕环、甩腰等练习方法。

6.髋关节柔韧性练习

（1）静力性练习。可采用耗腿、控腿、纵劈叉、横劈叉、抱腿前屈等练习。

（2）动力性练习。可采用搬腿、踢腿（正、侧面以及外摆、里合四个方面）、盘腿压膝等练习。

7.膝关节柔韧性练习

（1）静力性练习。主要有压膝、屈膝两种练习。

（2）动力性练习。可采用膝绕环、快速的蹲立练习等。

8.踝关节柔韧性练习

常用的方法是坐踝、绷脚面、勾脚尖练习以及提踵练习等。

应当指出，发展柔韧素质必须坚持静力性练习同动力性练习相结合的原则，如果纯粹地采用静力性练习手段，其训练效果必定不佳。

(三) 柔韧素质训练基本要求

1. 一般来说，没有必要使柔韧性水平达到最大限度

在运动中，虽然专项往往对柔韧性有较高的要求，但没有必要使柔韧性水平达到最大限度，只要能保证顺利地完成必要的动作就可以了。当然，要保证顺利地完成必要的动作，必须有一定的"柔韧性储备"，即所发展的柔韧性水平应该稍微超过完成动作时的最大限度。但是，过分地发展柔韧性会导致关节和韧带的变形，影响关节结构的牢固性。在某些部位，柔韧性的过分发展甚至会影响到运动员的体态。

2. 柔韧性的发展要兼顾有相互联系的部位

在有些动作中，柔韧性的表现不仅仅在一个关节或一个身体部位，而牵涉到几个相互有联系的部位。例如，体操中的"桥"就是由肩、脊柱、髋等部位的关节所决定的，因此就应该对这几个部位进行发展。如果其中某一部位稍差，可以通过其他部位的有效发展得到补偿。这样做也可以使运动员身体各部位得到协调发展。

3. 柔韧性练习要经常，并要持之以恒

柔韧性发展较快，但是停止训练后，肌肉、肌腱、韧带已获得的伸展能力消退也快，因此要经常进行柔韧性训练。如果训练的任务仅是为了保持已达到的柔韧性水平，那么每天的练习可以少安排一些，有些练习可在课后进行，也可安排在训练课的准备活动、基本部分的结束阶段进行，还可以放在其他练习之间的间歇，特别是力量练习和速度练习之间的间歇时进行。这样既可以调节其他练习对身体产生的影响，同时又由于身体各部位已活动充分而获得良好的柔韧性训练效果。

4. 随着柔韧性水平的提高，应逐步加大练习幅度，但不能急于求成

由于肌肉、韧带等的伸长不是一朝一夕就能达到的，所以应逐步提高要求。直接拉长肌肉时可能会出现疼痛现象，对此要进行具体分析，只能以原有水平作为衡量标准，不能盲目，急于求成。在同伴帮助下进行被动性练习时更应谨慎，以避免肌肉韧带拉伤。

5. 在柔韧性练习前应充分做好准备活动

肌肉伸展与肌肉的强度有关，通过准备活动提高肌肉的强度、降低肌肉内部的黏滞性有利于柔韧性的发展。

6. 柔韧性练习可结合发展其他素质的练习和协调性练习进行

素质的发展相互间有转移的现象，运动器官的生长发育也会影响各种素质之间的关系，因此柔韧性练习要与发展其他素质的练习及协调性练习结合在一起，使之

相互促进，朝有利的方向发展。

五、灵敏素质训练

（一）灵敏素质的含义及分类

灵敏素质既是个人核心控制力的直观体现，又是个人综合素质能力的反映。灵敏素质反映了学生在训练及日常生活中对事物所产生的应激、执行、控制等方面的能力。灵敏素质是指迅速改变体位、转换动作和随机应变的能力。它是学生体育技能和各种素质在身体活动中的综合表现，是一种复杂的体能素质。这种素质的突出特点是随机应变来完成动作任务，当环境条件突然发生变化时，还需要创造出新的动作来适应新的条件。

灵敏素质从其与专项运动的关系来看，可分为一般灵敏素质和专项灵敏素质。一般灵敏素质是指人在各种活动中，在突然变换的条件下，迅速、合理、准确地完成各种动作的能力。它是专项灵敏素质发展的基础。专项灵敏素质是运动员在专项运动中，迅速、准确、协调自如地完成本专项各种技术动作的能力。它是在一般灵敏素质的基础上，多年重复专项技术、提高专项技能的结果。

（二）灵敏素质训练方法

1. 徒手训练方法

（1）立卧撑跳转体。

完成一次立卧撑动作，接原地跳转体 180 度。计算 30 秒内完成动作的次数，练习 3 组。要求动作准确，衔接迅速。

（2）前后滑跳。

两脚前后开立，上体稍前倾，屈膝，两臂置于体侧；后脚向后蹬地，前脚向前跨出，身体随之向前移动；当前脚落地瞬间即向前蹬地，后脚向后跳，身体随之向后移动。练习时身体重心不要上下起伏，保持水平移动，30 秒为一组，练习 2 至 4 组。也可以采用左右滑步练习。

（3）障碍跑。

在跑道上设立多种障碍，要求学员迅速、敏捷地跳过或绕过障碍，并计算全程时间。

（4）3 米快速折返跑。

要求学员听哨音或看手势做 3 米往返快速跑，发出指令的间隔不超过 2 秒钟。

（5）过人。

在直径 3 米的圆圈内，2 人各占半圆，一攻一守，攻者设法利用晃动、闪躲等假动作摆脱守者进入其防守区，攻守方交替进行。不准拉人、撞人。20 秒为一组，练习 4 至 6 组。

（6）躲闪摸肩。

2 人站在直径 2.5 米的圆圈内，做 1 对 1 摸对方左肩练习，同时避免被对方摸到。要求计算 30 秒摸中次数，重复 2 组。

（7）模仿跑。

两人一组，前后站立，间隔 3 米。前者在快跑中做出变向、急停、转身等不同动作，后者及时模仿前者在跑动中做出相同的动作。练习 4 组，15 秒为一组，间隔 30 秒。

2. 器械训练方法

（1）跳起踢球。

2 人间隔 15 米，面面相对。一人抛球至另一人前方或侧方，另一人迅速跳起准确踢球，交替练习。15 次为一组，重复 2 组。

（2）俯卧撑传球

两人一组，分别相对俯卧，双手和双脚撑地，间隔两米，相互传地滚球。球的大小可依具体情况自行选择。传球时控制身体稳定，单手撑地。练习 3 组，每组各传 10 次。

（3）翻滚接球

两人一组，一人分腿坐立于垫子上，一人面对坐立者两米处站立抛球，抛球者缓和地将球抛至坐立者胸前，坐立者接球后迅速抛回并做左或右翻滚动作，连续交替进行。选择较轻的、大小适中的球类进行练习，如排球或足球。各练习接球 3 组，每组 10 次。

3. 游戏训练方法

（1）走矮子步。

2 人将跳绳拉直，并把高度适当降低，学员在绳子下走矮子和滑步动作。

（2）"跟屁虫"游戏。

两人或多人一组，其中一人做站立或活动的各种动作，并不断变换花样，其他人必须照他的样子做出与之相同的动作。要求：想象力丰富，变换动作快。

（3）"打老鼠"游戏。

学员围成一个圆，在圆内进入一人或多人扮演老鼠，由围成圆圈的学员拿球类进行滚动，用来打到圈内的"老鼠"。被打到的"老鼠"与圆圈上滚球的学员互相轮换。

（4）听号接球。

学员围圈报数后向着一个方向跑动，教员持球站在圈中心，将球向空中抛起喊号，被喊号者应声前去接球。要求：根据时间和空间采取应急行动。

（三）灵敏素质训练注意事项

1. 练习手段应多样化

灵敏素质的发展与各种分析器和运动器官机能的改善有密切的关系。人体能否在运动中表现出准确的定向定时能力和动作准确、迅速变换的能力，都取决于各种分析器和运动器官功能的提高。

2. 要掌握本专项一定数量的基本动作

运动技能本质上是条件反射，这种在大脑皮质中建立的条件反射暂时联系的数量越多，临场时及时变换动作的暂时联系的接通就越迅速准确，在已掌握的运动技能的基础上，可以快速形成新的应答性动作来应付突然发生的情况。

3. 要抓住发展灵敏素质的最佳时期

灵敏素质是在中枢神经系统的指挥下各种能力的综合表现。青少年的神经系统是人体发育最早、最快的系统，他们具有较好的反应能力，动作速度、平衡能力、节奏感等方面具有很大的发展潜力，这些都为发展灵敏素质提供了有利的条件，因此应抓紧这一时期进行灵敏素质练习。

4. 应消除紧张心理

在进行灵敏素质练习时，应采用各种有效的方法与手段，消除紧张心理和恐惧心理。因为人心理紧张时，肌肉等运动器官也必然紧张，会使反应迟钝、动作的协调性下降，从而影响练习的效果。

5. 应有足够的间歇时间

在进行灵敏素质的练习过程中应有足够的间歇时间，以保证氧债的偿还和与肌肉中 ATP 能量物质的合成。但休息时间又不可过长，因为休息时间过长会使中枢神经系统的兴奋性大幅度下降，在下次练习中就会减弱对运动器官的指挥能力，使动作协调性下降、速度减慢、反应迟钝，这必然影响练习的效果。

思考题：

1. 体能是只针对运动员还是也适用于其他人群？

2. 体能训练与身体训练的区别是什么？

3. 依据我国国民体质监测报告，我国国民体质持续下降，已引起了国家有关部门的高度重视，并制定和实施了配套政策。请你结合身边的实际情况谈谈体能训练的意义或作用。

第五章　日常行为规范训练

大学生行为规范是大学生在日常学习、生活、交往等以及社会实践与社会生活中必须遵守的基本行为准则。也就是说，它是大学生言行的标准。大学生行为规范与大学生纪律、道德和法律关系密切，在内容上互相渗透、职能上互相补充、实践上互相促进。

▶▶▶ 第一节　大学生行为和大学生行为规范

大学生作为特殊的社会群体，其行为表现也随之呈现出一种特殊表现形式。所以，他们的行为必须要有一定的规范，不然，无法承担国家和人民赋予的重大历史使命。

一、大学生行为

从心理学的角度而言，行为是人在内在或外在环境刺激或影响下引发的各种行动或身心变化。无论是个体行为还是群体行为，都有以下五个共同的特点。

（一）行为的自觉性与主动性

人的行为具有主动、自发的特点，外力可能影响人的行为，但无法控制其行为，外部权力或命令无法强制一个人产生真正的主动行为。外因必须通过内因起作用。只有提高人的自觉性，才会有积极主动的行为。

（二）行为的因果性

人的任何行为都有一定的动因和结果。外部环境是影响行为的外部动因，人的需要、动机等是行为的内部动因。由一定的动因引起的行为总会导致一定的行为后果。

（三）行为的目的性

人的行为并非盲目的，它不仅有起因，而且有目的，是主体人在特定环境中为满足自己的目的的主动选择。

（四）行为的持久性与连续性

行为有目标指向性，在目标没有完成之前行为不会终止；而当目标完成后，行为会向新目标前进。

（五）行为的稳定性与可塑性

人类行为经过重复学习、训练实践，可能形成较稳定的习惯性的活动方式，但它又有可塑性，环境的变化会造成行为方式的变化。

大学生是一个特殊的群体，大学生的行为也是人类行为的一种特殊表现形式。大学生不仅是同龄人中选拔出来的较为优秀的部分，也是具有巨大发展潜力的高层次受教育者。就我国目前的学制年限计算，高校学生的进校年龄大致是 18 岁，这正是他们三观形成、发展和成熟关键时期，而且已经是具有完全行为能力的公民，能够行使公民权利，又能承担相应的责任与义务。对于大多数学生而言，这是他们职前最后的学校教育阶段。可以说，今天的大学生是未来社会知识与文化的最主要的传承者和创造者，他们的思想道德素质、科学文化素质和行为规范能力如何，直接关系着国家与民族的前途和命运。

大学生行为就是指这一特殊群体在日常学习、生活、交往等以及在社会实践与社会生活中的行为表现，这种行为表现在大学生学习、生活、交往和社会生活的全部过程中。其行为模式或过程机理是：学校的培养目标给大学生个人心理以刺激和压力，这是动因。有了动因，就能引起个人素质的综合反应，形成需要和动机。动机指向的方向是目标。在动因的推动下，为实现目标激发行为过程，凭借行为方式和手段，导致行为的最后状态即行为效果，从而给人以满足感。

大学生的行为有其特殊的表现形式，其特殊性在于其行为能力与一般人不同，即既要有一般能力，又要有特殊能力。一般能力是指人在一切活动中所必须具有的基本能力，如学习能力、组织能力、控制能力、适应能力、实际操作能力、创造能力等；特殊能力是指人在某种专业活动中表现出来的、并保证这种专业活动获得高效率的能力，如组织管理能力、实际操作能力、理论研究能力、艺术创作能力等。一般能力与特殊能力是有机联系的，要成功地完成一种活动，一般需要多种能力的综合。某一专业技术活动的完成，不但要有这一专业领域相关的各种能力，还要有与这一专业相对应的实践活动能力。而大学生在学习阶段最主要的是培养和发展自己的学习能力、实践能力和创造能力，这是大学生自身的主体能力。它们相辅相成，学习能力和实践能力是创造能力的基础，创造能力是学习能力和实践能力的升华。人类科学技术发展的过程，就是人的学习能力和创造能力不断得到发挥和发展的过程，而创造能力对人才的形成起着决定性的作用。学校组织对大学生的个人行为结果予以评价，给予奖励或处罚，肯定或纠正其行为目标，从而对大学生形成新的刺激和压力，使大学生的个人行为进入新的行为过程。因此，我们可以给大学生个人行为下一个定义：大学生个人行为模式是基于国家法律、法规，教育行政部门的有关规范、行为准则和个人特质产生的需要和动机，并通过推动实现目标的行为及其手段达到行为效果的有序过程。

深刻理解和把握这一定义的重要意义是：大学生要有效地完成学习任务的行为，必须把握学习行为的目标，预测行为效果；学校为保证大学生行为目标与学校目标相一致，就必须制定科学的规范，以引导和推动大学生个人行为目标朝着有利于大学生成才的方向运行。

因为每个大学生思维、学习、交流、生活等能力都有一定差异，所以其在完成任务过程中都表现出不同的行为特征。当然，作为在校学生，他们也有共同的特点：一是大学生的行为是自制的、主动的，在学习目标的推动下，发挥主观能动性和创造性，实现自己的行为目标；二是大学生行为具有较强的目的性，它要求大学生个人行为目标与群体目标以及学校培养目标趋于一致；三是大学生行为从其被学校录取开始直至毕业离开学校，是一个完整的学习行为过程；四是大学生在完成学业的过程中，通过不断学习和实践，获取知识，锻炼能力，在学习不断深化的过程中调整和完善自己的行为模式，以适应社会的需要；五是大学生行为的实质是努力成为有理想、有道德、有文化、有纪律的社会主义现代化建设事业的合格人才。

二、大学生行为规范

（一）大学生行为规范的渊源

大学生行为规范的渊源主要有四个方面：一是国家机关制定的法律、法规等，如《中华人民共和国宪法》《中华人民共和国教育法》《中华人民共和国职业教育法》；二是党、政府和国家各级教育行政部门制定的有关大学生行为准则、管理制度，规定、规则、守则等，如《普通高等学校学生管理规定》《普通高等学校学生行为准则》《湖南省大学生行为准则》等；三是各高等学校根据上级行政部门的有关规定和文件以及学校的具体情况制定的有关规定，如高校自己制定的《学生行为规范》《大学生文明公约》《学生违纪处分条例》等；四是适应我国发展要求并被社会公众所普遍接受和公认的纪律、习惯、规矩等，如《公民道德建设实施纲要》《公民基本道德规范》等。前三个方面的行为规范是成文的，是以一定的强制性为保证的；后一方面的行为规范有成文的，也有不成文的，它主要是通过公众舆论、组织监督、习惯约束、规范限制等形式实施。

（二）大学生行为规范的含义

1. 大学生行为规范是大学生素质教育的重要组成部分

素质的基本含义是指人"本来具有的"和通过后天的学习、实践所形成的基本特质的优劣状态。随着时代的发展，社会对人的素质的要求也相应提高，而人的素质又是衡量现代化水平的重要标志。

大学生的基本素质主要包括思想政治素质、科学文化素质、身体素质、心理素质、审美素质等几个方面。

（1）思想政治素质。要成为社会主义现代化的建设者和接班人，应确立坚定正确的政治方向，具有良好的思想品德。具体来说，就是要树立辩证唯物主义和历史唯物主义的科学世界观，确立崇高的人生理想、全心全意为人民服务的人生目标以及正确的人生观、价值观。同时，集体主义为指导，培养实事求是、追求真理、艰苦奋斗、勇于献身、谦虚谨慎的道德品质和较强的民主、法制观念。

（2）科学文化素质。要成为社会主义现代化建设的合格人才，就应该努力学习科学文化知识，完善自身知识体系，提高技术能力，全面投身于科教兴国的事业中；在拥有高知识水平的同时，还应具有较强的能力，即获取新知识、新认识和解决实际问题的本领，如自学能力、表达能力、社交能力、组织能力、协调能力等。

（3）身体素质。健康的身体是其他素质正常发展的前提。所以，当代大学生应该积极参与体育活动，掌握一定的健身技能，并持之以恒将其培养成自己的生活习惯，使自己拥有一个健康的体魄。

（4）心理素质。健康的心理状态是每一个人正常生活和工作的必备条件。因此要认识到心理素质培养的重要性，培养积极的生活态度、强烈的求知欲望和探索精神，意志坚强，正确对待成功与失败、顺利与挫折，与他人保持和谐的人际关系，并保持完整高尚的人格。

（5）审美素质。审美素质也是人才的基本素质之一，是通向成才之路的桥梁，更是现代人才自我发展的需求。作为大学生，应在社会生活实践中努力加强审美修养，提高和发展自己的审美能力，树立正确的审美观点，确立符合社会发展规律的、高尚的、富有个性的审美思想。

大学生的素质是一个动态结构，犹如"逆水行舟，不进则退"。大学生素质包含着两个方面的变化趋势：一是会因学习环境的变化或自我约束的放松出现退步和滑坡的可能；二是会因制度规范的科学和完善，教育管理部门的教育引导和自身重视修养而得以提高。

因此，加强落实大学生行为规范的教育，掌握行为规范的基本内容，是规范大学生行为、提高大学生素质非常重要的内容之一。

2. 大学生行为规范是大学生在校园学习生活中必须遵守的基本行为准则

高校的主要任务是为社会主义建设培养合格人才，因此学校在培养目标的实现过程中，应注重从严治校，注意教育质量的提高和办学环境的优化。

大学生是高校的主体，良好的校园文化需要他们来营造，这就要求有个统一的准则去约束他们的行为。所以说，规范大学生行为是非常有必要的。这是大学生学习和生活有序运转的保证，是培养目标实现的保证。因此，大学生行为规范是规范其校园学习生活的基本行为准则。

3. 大学生行为规范是大学生在社会生活中必须遵守的基本行为准则

由于大学生具有双重身份，既具有公民身份，又具有大学生身份，因此，大学生必须遵守社会生活中公民应遵守的基本行为准则，而且大学生作为具有高素质的特殊群体之一，应该模范地遵守社会生活中的基本行为准则。

一是遵守社会公德。社会公德是全体公民在社会交往和公共生活中应该遵守的行为准则，涵盖了人与人、人与社会、人与自然之间的关系。社会公德主要是维护公众利益和公共秩序，主要包括文明礼貌、助人为乐、爱护公物、保护环境、遵纪守法等内容。

二是家庭美德。家庭美德是指每个公民在家庭生活中应该遵循的行为准则，涵盖了长幼、邻里之间的关系，主要包括尊老爱幼、邻里团结等内容。

▶▶▶ 第二节 大学生日常行为的主要内容

一、上课

礼貌是学生必备的礼仪。学生在上课前进入教室后应该做好课前准备，等待教师的到来。当上课铃声响起后教室中应该保持严肃的气氛，为教师创造一个良好的上课环境，同时也有利于学生自身的学习环境更加优良。当教师进入课堂后，班长应起立大声喊出老师好，全班同学向老师问好，等教师回礼后方可坐下。

学生应该在课前进入教室做好准备，如遇特殊情况可在教师同意后迅速入座。未经教师允许，不得擅自离开教室。学生迟到或缺课后必须向老师说明情况。迟到的同学悄声入座，避免影响其他同学。

教师因为特殊情况（如开会、家长来访、处理紧急事务等）迟到进入教室，学生应以理解、冷静、正确态度对待，静候教师的上课。而教师应向学生简单说明原因。

二、听课

学生遵守课堂纪律是最基本的礼貌。教师的辛勤劳动体现在教学上，学生虚心学习，认真听讲，取得良好的学习成绩，就是对教师最大的尊重。教师为一堂课所做的准备，会因为纪律好、学生认真听讲而思路越讲越顺，教学水平也会发挥到最佳状态。

听课时，学生应注意力集中，认真做好课堂笔记。对教师讲述的内容有异议时，最好下课后单独找教师交换意见，让教师在下一堂课中自行更正。如属于明显的笔误或口误而且不影响大家理解的，一般不必计较和纠缠，切忌中途打断教师的讲课。若对教师讲课有异议，而必须上课打断的话，应注意方式、态度，谦虚恭敬地提出异议，切不可扰乱课堂秩序，以质问的态度来质疑教师。

当教师在课堂上提问时，学生应积极踊跃举手发言，待教师点到名字时，方可站起来回答。发言时，身体要立正，态度要大方，说话声音要清晰响亮，使用普通话回答。若点名回答的问题自己回答不出或没有把握，也应大大方方地站起来，以抱歉等语言请老师原谅。学生回答问题时，其他同学不要随便插话，若回答错了或答不出来了，也不可嘲笑。

三、下课

在教师未宣布下课时，就算下课铃已响，学生仍应认真听课，尊重教师。教师宣布下课时，全体同学应起立，与教师说："老师辛苦了，老师再见。"等教师离开教室后，方可自由活动。若有听课的教师，应等听课教师离开后，再自由活动。值日生做好擦拭黑板的工作，为下节课做准备。

四、同学之间的交往礼仪

（一）初次见面文明礼仪

同学间初次见面应主动自我介绍，以表示热情友好，再可询问对方姓名、来自的学校、老家等。相互熟悉后可直呼其名，应杜绝用"喂"等用语称呼同学。记住，不把粗鲁的打招呼方式视为亲近和直率的表现。

（二）相处文明礼仪

同学间的相处应以尊重为基本要求，做到相互谦让、互帮互助。其具体文明礼仪有：需要他人帮助时，用"请""麻烦你""谢谢你"等礼貌用语；不应用命令的口吻对他人提要求，也不应该妨碍他人的学习与生活；在得到帮助后，应表示诚挚感谢。

同学之间的互相帮助是必要的，应该提倡，但要注意方式方法。有些同学自尊心较强，遇到困难不愿让人知道和接受帮助，这时，热心的同学要注意，应向他表示诚意，并表示随时愿意提供帮助。总之，要善于关心体察，适时适地地予以帮助。

在忘记带某些学习生活用具时，借用他人物品应先征得对方同意，再及时归还并表示感谢。万万不能在对方未知时取用。使用他人物品如有损坏，应做出说明并给予相应赔偿。

同学间难免有误会或口角时，应多做自我批评或适当的批评，其态度应诚恳，分析要中肯，让人易于接受；若其中一人主动道歉，请求原谅的话，对方应接受别人道歉，并说一句"能理解"，这样会让对方如释重负；若其中一人主动打招呼，另一方应给予回应，表示和好，不计前嫌，以利团结。

同学间应少计较，多宽容。对于暂时犯错或落后的同学，应给予帮助，而不是冷嘲热讽。

（三）说话文明礼仪

同学间可以相互了解，增进感情和增长知识，但需要注意交流的态度和内容。

与同学说话应诚恳谦虚，注意对方情绪。在听同学说话时，应端正态度，不随意打断、插话或者表现出漫不经心的样子，同学如说错了话，应委婉指出，不伤害他人自尊心。

与同学说话的内容要真实，善于谈自己的看法，不说不利于团结、不文明的话和事。遇到同学思想上有疙瘩解不开时，应主动与他谈心，凭借自己的经验和认识帮助同学从苦闷中解脱出来。做一个心灵美的学生。

（四）宿舍文明礼仪

宿舍作为住校生的公共之家，是同学相处时间较长的地方，每个同学都应该遵守作息安排，不做违规的事情，保持对室友的尊重。

宿舍的环境是依靠每位同学来自觉维护的，个人物品都应整齐摆放，一起完成卫生工作。周围的环境也依靠大家共同维护，认真做到爱护公物、不乱扔果皮纸屑、节约用水等好习惯。

同学之间应按时就寝，熄灯后不得谈话，不得发出太大的响声，以免影响他人的休息。如果有人在熄灯后还要听随身听，应戴上耳机；如果还想看书需将床头灯灯光调到最小。若有特殊情况不能准时回宿舍就寝，应事前打招呼，其他同学为其留门。如果宿舍内有电话，应将作息时间一并告知亲朋好友，避开休息时间来电打扰。

在宿舍内注意个人行为，不乱动他人物品，如需借用，应先征得室友同意，在用好后归还原位。不乱翻他人物品，不随意看他人信件，应尊重他人隐私。

去宿舍串门应该选择恰当的时间，敲门入室，在经过允许后进入房间。在进入宿舍后与所有人打招呼，得到允许方可坐在别人的座位上。串门时间不宜过久，不应影响其他同学休息。串门声音不宜太大，谈话内容健康。在道别"再见"后再离开。

住校生难免有亲朋好友来访，首先应在接待室接待，若要请到宿舍做客的话，要先告诉同宿舍其他同学，经允许才能将客人带到宿舍。在宿舍内，用自己的物品接待客人，不要让亲朋好友在宿舍内待的时间太长，更不能留宿。同宿舍的同学也应热情打招呼，然后可选择恰当时候避开，不影响他人交谈。

五、校园文明礼仪

（一）进校文明礼仪

进入校门时，学生应该检查自己的仪容仪表，再稳步进入。严格遵守学校制度，对考勤的老师和值日的同学有回敬礼。积极配合值勤人员的工作。如迟到，应接受考勤并说明理由。

（二）进出办公室文明礼仪

学生进入老师办公室前，应先喊"报告"，得到允许后方可进入。不能旁若无人，不敲门或未经允许就进入老师办公室。学生在办公室说话声音要小，不能影响其他老师办公；如果要找的老师不在，应有礼貌地向其他老师询问。如课代表或迟交作业的学生交练习本，可放在任课老师桌上的适当位置，不能私自翻老师的东西。学生在老师办公室停留的时间不宜过长，该说的话说完、该做的事做好应立即离去，不要影响老师的休息和工作。

学生离开老师办公室时，应向老师有礼貌地说"再见"。如果学生是向老师请教问题，在得到解答后，离开时应向老师道谢。

（三）升降国旗、奏国歌文明礼仪

国旗不仅是一个国家的标志，也是一个国家及其民族精神的象征。国歌体现了中华民族奋发前进、战斗不息的意志。对国旗和国歌的尊重，实际上就是对我们伟大祖国的尊重。学校必须按照国旗法中的规定严格执行。

每天上学或举办重要活动都要举行升旗仪式，以表示对国家和国旗的热爱和尊重。举行升旗仪式时，在校的全体师生都应参加。学生一般以班为单位，集合在大操场上，站在指定的位置，队列整齐，面向国旗，肃立致敬。未入队的学生和在大楼里的教职员工，无论在走廊上还是在办公室等，当听到国歌奏起均应肃立，不应走动和说话。

升降国旗仪式的整个过程包括：

1. 列队

在仪式开始前，全体师生面向国旗列队站好。旗手、护旗手、主持人等做好准备。

2. 升旗

主持人宣布升旗开始，全体肃立，脱帽、行注目礼。当国歌奏响时，升旗手将国旗迎风展开，随国歌奏响同步将国旗缓缓向上升起，所有在场的人都应向国旗行注目礼，做到肃静、庄严，不可随意走动、交头接耳、嬉闹等。当同学们来晚时，恰逢升旗奏国歌要立即停止走路，严肃立正。

3. 降旗

一天活动结束时，由旗手、护旗手将国旗降下来，降旗时态度应严肃、认真和恭敬。仪式不限，但所有经过现场的师生员工应面对国旗，自觉肃立，待降旗完毕，方可自由行动。国旗降下来后，应叠好，收藏在固定地方。

4．唱国歌

在某些活动中未进行升降旗仪式，但有唱国歌仪式，全体在场的人应跟着国歌音乐的响起，有激情、曲调准确、声音洪亮地高唱国歌。

（四）图书馆、阅览室文明礼仪

在学校里，图书馆、阅览室既是一个公共学习的场所，又是获取知识的宝地，也是精神文明建设的窗口之一。

1．图书馆文明礼仪

学生要在规定时间内借还书籍。借阅者按秩序要求借书，阅毕归还，让图书发挥最大的价值。应该爱护借阅的图书，不在书上涂鸦，不随意损坏书籍，更不能盗窃书籍。学生对图书的爱护，也体现了对知识的尊重。有些书年代久了，有磨损了，图书馆老师已将书一本本重新修整好，学生借阅时应爱护。

2．阅览室里的文明礼仪

阅览室是特殊的学习环境，学生应轻声入室，不在室内喧哗、打电话，以免妨碍他人的阅读。另外，注意保持卫生整洁，不吃东西、不随意吐痰、不乱扔果皮纸屑等。阅览室的书刊阅览完后，应该放回原处，以便他人寻找，也有利于图书管理老师的整理。每位学生要爱护书刊，不可造成刊物损毁。每位学生在求知的同时，爱护书刊，遵守图书馆、阅览室的规章制度，可以显示一个有文化素养的人应有的文明礼仪。

（五）校园文体活动文明礼仪

文体活动是学校重要的活动之一，除了每天的学习生活外，业余时间的文体活动也是不可少的。每年各个学校都会进行艺术会演、重大节日的庆祝演出、运动会或运动周等活动，这些文体活动中也有学生应遵守的文明礼仪规范。

1．文艺活动的文明礼仪

文艺活动中的文明礼仪一般包括组织者、主持人、演员和观众等文明礼仪。比如为"五四青年节"准备庆祝活动，主题首先要明确，然后围绕主题精选节目，选择反映文明、高雅、富有时代青年特色的节目。要敢于创新，使形式多样化。并制作节目单，依次表演。整台文艺节目的主持人的表现应得体、大方，着装应与活动内容相配，这样才能有好的效果。

演员在确定节目后，应认真准备，演出时服从统一指挥，多人演出要注意互相配合，切不可突出自己，忘记合作，那样会把节目搞砸。演出结束应向观众致谢。

作为观众，应提前到场，到达观看的指定位置。如迟到，则俯身进入，速度要轻而快。开演后，应专注观看，尊重演员；若演员有失误，不应喝倒彩，可鼓掌致意；若是听音乐会，切忌中途鼓掌。不把零食带进演出厅，边观看边吃零食是不文明的表现，同时可能损害剧场的公共卫生；观看时不交头接耳，那样会妨碍其他观众的观看，既使人听不清对白，又影响了他人视线；场内禁止吸烟。携带的手机应处在"静音"状态。不要无故退场，确需退场应在幕间休息或一个节目结束时。散场应走安全门。总之，遵守剧场的规章制度，来体现学生在公共场合的文明素质。

2．体育活动的文明礼仪

校园内各色各样的体育活动很多，除运动会外，平时以团委、学生会名义组织的各类项目比赛较频繁。参加体育活动不仅能强身健体，而且也可以使学生从中感受体育精神。现代体育精神体现着集体主义的团队精神，遵守体育活动的文明礼仪，是人类社会公平、公正意识理念的积极体现。

（1）裁判文明礼仪。

裁判的行为与体育比赛的结果有着至关重要的关系，在担任裁判的整个过程中应注意文明礼仪要求。裁判要公正，一定要严格履行裁判规则进行体育赛事活动。裁判还要尊重运动员，裁判是体育比赛中的执法者，裁判有权在比赛中宣布暂停、给予违规运动员以警告等，当运动员有疑问时，裁判应做好解释工作，如属于裁判裁决错误，遭到质疑，裁判应冷静检查自己失误，并向运动员致歉，千万不能利用职权打击报复相关运动员。

（2）运动员文明礼仪。

作为运动员应牢记"友谊第一，比赛第二"的体育精神，在比赛中尊重对方，要有良好的个人素养。在比赛过程中，运动员应做到：第一，尊重、服从裁判。一般运动员应具备的起码素质是尊重裁判决定，服从裁判指挥。若裁判出现误判，运动员应冷静，然后按规定进行申诉，千万不能动手动脚，恶语相加。第二，尊重比赛对手。校园的学生作为运动员，重在参与，不要过分关注结果。有些对抗项目，如篮球、足球等，避免不了身体接触。若不小心撞到人，应主动道歉；若撞倒了人，应上前扶起示意对不起，而被撞的人也要表现出宽容大度的风范，以保证比赛顺利进行。尊重对手就是尊重了自己。第三，尊重队友。在校园内除运动会中有个人参赛外，一般的体育比赛以集体参与居多。集体项目要求在比赛中，与队友配合良好，发挥团队合作精神，同时也考验其集体合作的能力。队友的心理素质不是整齐划一的，遇有队友由于压力大，出现了失误，其他队友应持鼓励态度，而不应责怪甚至抱怨。当队友表现突出，取得分数，应给予热情祝贺。若队友受伤，应主动关心，要认识到每个队友的成功都是团队成功的一部分。所以，队友相互之间应鼓励、祝贺、帮助，取得团队的最终胜利。

（3）观众文明礼仪。

作为观众或啦啦队，应文明观赛。第一，观看文明。观看比赛时，尊重参赛选手，在必要的呼声和呐喊声外，不制造噪音。当然，也要注意，靠近比赛场地的观众呐喊声不宜过大，因为那会影响运动员听清裁判的口令，导致运动员不能正常发挥。第二，尊重裁判。在比赛中，不得以任何理由干扰裁判执法，即使错判或有明显偏袒，也不能对裁判有不礼貌行为，而应通过正常的渠道反映。观众应服从裁判的指挥，不影响比赛的顺利进行。第三，尊重运动员。有的观众有自己支持的运动员或参赛队，在为自己队加油的同时，也要尊重对方运动员的比赛。当对方取得成绩时，也应给予祝贺，不可喝倒彩。当本方运动员比赛成绩不理想时，不可有过激行为，不能粗言辱骂裁判，要遵守道德要求，做文明观众。通过理性的道德约束，让人好竞争的"自然属性"提升为精神境界的和平、和谐。

在学校内，运动会的举行是重要活动之一。在运动会的整个过程中都涉及有关文明礼仪。包括开幕式、进行比赛和闭幕式。简言之，所有观众和运动员都要遵守为运动会制定的纪律，这就是文明礼仪的要求。

（六）校内公共场所文明礼仪

学校师生都会在食堂就餐，应尊重食堂工作人员的劳动，如有意见，应通过正规途径进行反映。就餐时，自觉排队取餐，不敲击碗筷制造噪声，不乱撒饭菜，而是自觉将余物倒到指定容器。

师生员工都应该自觉保持校园整洁，不在教室、楼道、操场乱扔纸屑、果皮，不随地吐痰等。不在黑板、墙壁和课桌椅上乱涂、乱画、乱刻，爱护学校公共财物、花草树木，节约用水用电。如：上厕所完毕后及时冲水；走道上的灯不要全开，能照明就行，教室无人时应及时关灯，养成节约用电的良好习惯。每个人都应自觉将交通工具停放在指定的车棚或存放地，不乱停乱放，造成他人不便。

校内行走，尽量避免三人并排，以免影响他人通过。在大楼里上下楼梯应靠右走，避免与对方相撞。

实验室、电脑房和语音室，是学校实践操作的场地，有专人管理并制定了有关规则。学生进出根据教学计划要求，由教学管理部门在每周安排具体课表时作了相应规定，进入上述教室的学生同样需要遵守文明礼仪要求。比如管理老师将每个同学的座位加以固定，要求不乱涂乱画，不随意交换机器、器皿使用，不能利用电脑把其他游戏、病毒带入，不能在容器里随意放溶液，以免损坏或产生副作用。

六、仪容

仪容通常是指一个人的外貌和外观，主要由发型、面容及人体所有未被服饰遮掩的肌肤构成。在人际交往中，仪容会引起交往对象的特别关注，并将影响到对方对自己的整体评价。因此，大学生做到仪容美是树立自身良好社交形象的基础。仪容美包括三个方面，即自然美、修饰美和内在美。人的容貌是生来铸就的，仪容的自然美是人们的心愿；内在美是靠心灵等内在素质影响人的容貌的过程，也是三者中的最高境界；而修饰美则是人们通过对自身容貌的修饰来达到美的目的，也是仪容美的重点。仪容美遵从的原则是自然、清洁、得体，这也是仪容修饰的重要原则。大学生如果想美化自己的仪容就必须先学会如何修饰自己。

（一）面部修饰

仪容在很大程度上指的就是人的面孔，因此脸的修饰至关重要。修面首先要清洁脸部，使脸部看上去清爽无油光。接下来再对五官进行具体的修饰。眼睛可直观到一个人的精神状态，一定要整洁美观，不可有分泌物。眉毛和脸型、眼睛相映衬，如果自己对自身眉形不满意，可适当加以修饰。嘴部的修饰主要有两方面，一是口腔内部的卫生，保持口气清新；二是唇部护理，保持嘴唇红润、光洁。就男性而言，胡子应该修理整齐或刮干净，不留奇形怪状的胡子。

（二）头发修饰

头发除了具有帮助头部抵御严寒和防御酷暑的功能，还能使人增加美感。首先，头发有不同的颜色，如乌黑、金黄、红褐、红棕、淡黄等；其次，不同的发型能带给人不同的感觉，如整洁、庄重、洒脱、文雅、活泼等；最后，更重要的是头发能反映一个人的道德修养、审美水平、职业层次以及行为规范。作为大学生，应懂得一定的修发常识。

（1）勤洗头发，保持头发清洁，不能有油污异味和大量的头屑。

（2）发型要自然大方，与脸形和体形相配。

（3）发型要与服饰相协调，出席不同的场合要适当变换发型。

（三）肢体修饰

面部和头发的修饰固然重要，但如果缺少肢体的配合，妆容就会大打折扣。在肢体的修饰中，以手和腿为重点。要做到：勤洗手，保持手的清洁；指甲不能过长，更不能有污垢；如果手臂上或腿上的汗毛过多或过长，则要选择恰当的方法脱毛，也不能在异性面前过多暴露自己的腋毛。

七、仪表

仪表主要是指人的衣着和配饰。衣着和配饰能装饰一个人的外表，弥补一个人体形上的不足，还能体现个人的经历和文化修养，展示一个人的内涵和气质。如果能够在社交活动中根据自身特点和特定场合，选择得体的服饰，并配以合适的配饰，必定能体现出一个人的品位，为其个人魅力增分。

（一）衣着的原则

1. 整洁原则

所穿服饰无论在什么场合都应该保持整洁。衣服不可有污渍、脱线、破洞或者其他配件不全的情况。衣领和袖口是树立干净利落形象的关键，尤其需要注重整洁。

2. 整体性原则

服饰的整体美包括人的形体、内在气质和服饰的款式、色彩、质地、工艺及衣着环境等。服饰美就体现在这诸多因素的和谐统一之中。整体性原则要求衣着的各个部分相互呼应，精心搭配。特别是要恪守服装本身及与鞋帽之间约定俗成的搭配，在整体上尽可能做到完美、和谐，展现衣着的整体美。

3. 个性化原则

个性化并不是从个别和个例的角度出发。个性化原则主要体现在选择的服装要与自己的年龄、身高、体形、肤色相搭配，力求反映一个人的个性特征。在选择服装时，要扬长避短，着重创造和保持自己独特的个性，在不违反礼仪规范的前提下，在某些方面做到与众不同，切忌盲目追求时髦。

（二）大学生衣着礼仪

大学生衣着首先要整齐、干净，其次要颜色、款式统一，最重要的是要符合大学生的身份、符合时代的气息。在正式场合下，对大学生服饰的基本要求是着正装。下面介绍一些正式场合下大学生具体的衣着礼仪。

1. 男生衣着礼仪

男生主要以衬衫和西装为正装，配以黑色皮鞋。必要的时候需打领带。皮鞋一般为黑色系带皮鞋。无论什么服装，必须整洁干净。上衣要烫平整，裤子要烫出裤线，皮鞋要上油擦亮。

2. 女生衣着礼仪

对于女生来说，不同的场合可以选择相应的衣着，比如参与晚宴或文娱活动时，可选择旗袍和礼服；而如果是商务谈判或学术会议，则可穿着正式的西装套裙等。

（三）装饰

仪表装饰包括化妆和配饰两个部分。

化妆也是一种仪容修饰手段，一般通过一些化学物质来掩盖自身缺陷，放大自身优点。化妆一般遵从自然、清洁、得体的原则。配饰是指人们在着装的同时所选用和佩戴的装饰性物品，对人的整体形象起点缀、美化、烘托的作用。男士配饰一般以戒指、手表、领带夹为主；女士的配饰种类繁多，花样百出，常见的有戒指、项链、手镯、胸针、头饰等。按照礼仪规范来说，饰品的佩戴也要讲究一定原则。在工作中，不宜佩戴首饰；在舞会、宴会等社交场合，应精心打扮；日常交往或休闲娱乐时，则比较随意。选择饰品时，要符合自己的个性和身份，扬长避短；坚持少而精的原则，不能过于烦琐；佩戴两种以上的饰品，在色彩和质地上都要求一致，避免庸俗；佩戴的饰品还要符合所在地区的风俗和习惯。

八、仪态

仪态也称仪姿、姿态，泛指人们身体所呈现出的各种姿态，它包括举止动作、神态表情和相对静止的体态。人们的面部表情，体态变化，行、走、站、立，举手投足都可以表达思想感情。仪态是表现一个人涵养的一面镜子，也是构成一个人外在美的主要因素。不同的仪态显示人们不同的精神状态和文化教养，传递不同的信息，优雅而得体的举止将有利于树立良好的交际形象，获得他人的好感。

（一）站姿

站立时应注意保持挺直、典雅，应注意挺胸收腹，略收臀，头部端正，双目平视，面带微笑。双臂自然下垂或体前交叉，将手放在身后显得威严，一般地位高者可以使用，在长辈或上级面前，手一定要放在前面，以示对其尊重。双腿并拢直立，脚跟紧靠，脚尖成"V"形。身体抖动或左右摇晃，会给人以轻佻的感觉；眼睛东张西望，会给人以不自信的感觉；站立时东歪西靠，给人以过分随意、散漫的感觉。

（二）坐姿

坐姿应给人以端庄文雅之感。落座时动作要缓，声音要轻，从容入座，不可慌张用力。标准的坐姿要求身体坐在椅子的中后部，至少坐满椅子的三分之二，任何座位不能坐得太深或太浅。若女子着裙装应在入座时稍微拢一下，以防褶皱。坐立时上身要正直，挺腰并膝，女子要并脚，双手自然置于双膝上或椅子扶手上，不可抖腿或跷二郎腿。起座时要端庄、稳重，不可猛坐猛起，给人留下冒失、毛躁的印象。

（三）走姿

走姿属动态美，直接反映了一个人的精神状态、气质和文化修养。形成良好的走姿要做到从容、平稳和轻盈。行走时要昂首挺胸，目光平视，双臂自然前后摆动，同时要摆成直线，注意脚尖略开，脚跟先接触地面，起脚要有节奏感，速度要均匀，步幅要适中。要避免外八字或内八字等不良走姿，也不可弯腰驼背，更不可摇头晃肩。

（四）手势

手是人类最灵巧的器官，也是人用以传情达意最有效的工具和手段之一。得当的手势可以清晰地表达我们的情感，也易于他人理解。但如果使用不当，则会适得其反。我们应该养成良好的手势习惯，手势不宜过高或过大，更不能手舞足蹈，这样易给人留下不好的印象。需要注意的是，与人交谈时，手指不要指指点点或者做一些无关的小动作。在社交中，如果不是为了传达信息，手应该保持静止。在与不同地区、不同民族的人交流时，最好事先了解一下对方的风俗习惯与忌讳，以免发生误会，因为即使同一种手势，在不同的民族和地区，其含义也可能是不同的，甚至截然相反。

（五）表情

表情是指人的面部表情，它传递着人们内心的喜悦、愤怒、悲伤、好奇等思想感情，在人际交往中，起着极其重要的作用。大学生应学会保持理智，掌握控制好自己的情绪，避免因自己的个人情感影响到他人的心情和表现。表情是复杂多样的，这里只介绍两种。

1. 目光

"眼睛是心灵的窗户"，一个人的眼睛能反映一个人的精神状态以及态度，从一个人的目光中，可以感知他的内心世界。一个良好的交际形象，目光应该是坦然、和善的。在与人交谈时，要面带微笑；而在某些特定的场合，如会议中，目光要保持严肃认真。在与人交往中，如果是同性，应该不时地互视对方，以表示对对方的尊重和对话题的关注。如果是异性，则不宜长时间地注视。在正式场合下，如果无意与别人的目光相撞，应自然对视1～2秒，然后缓慢移开，不要接触后立即移开。另外，与人见面时，上下打量别人是不礼貌的。

2. 笑容

微笑是一个人和善、友好的象征，是渴望与他人交往并建立友谊的信号。微笑是人最美的表情，也是交际活动中最具吸引力的表情。然而，怎样才能笑得恰到好处呢？其基本要领如下：唇部向上移动，略呈弧形，可以微微露齿，也可以笑不露齿，同时，眉毛上扬并稍弯，眼睛含笑。从深层次角度来说，微笑要发自内心，自然真诚，自信优雅。

▶▶▶ 第三节　大学生日常行为规范的作用

一、大学生行为规范教育的重要意义

加强大学生行为规范教育，对于强化教育和管理，促进学校精神文明建设，树立良好校风，营造良好校园氛围，培养高素质社会主义现代化建设人才具有重要意义。

（一）大学生行为规范教育是加强社会主义精神文明建设的重要举措

大学生行为规范以马列主义、毛泽东思想、邓小平理论和"三个代表"重要思想为指导，符合社会主义思想道德体系，有利于建设社会主义精神文明。这个体系以胸怀祖国、服务人民为核心，以勤奋学习、求实创新为己任，以团结协作、品行端正为基本素质要求，以内强素质、外塑形象为着力点，以爱祖国、爱人民、爱劳动、爱科学、爱社会主义为基本要求，积极建立适应社会主义市场经济的社会主义思想道德体系。大学生行为规范还处处体现了精神文明建设的基本要求，是社会主义精神文明建设的具体落实和实践。

（二）大学生行为规范对于优化良好育人氛围具有重要的作用

校园环境的育人功能隐含在它所创设的优美整洁的物质文化环境和良好的精神氛围中。从大学生行为规范的内容看，其有利于帮助大学生树立正确的学习目的学习态度，调动大学生勤奋学习、实践成才的积极性，有利于大学生养成正确的文明行为习惯和健康的心理素质，这对校园良好氛围的形成起着关键作用。因此，大学生行为规范对于优化良好育人氛围具有重要意义。

（三）大学生行为规范是树立良好校风的具体表现

校风建设是学校的"形象工程"，也是"灵魂工程"。校风整体反映了学校的精神面貌办学方向、教育和管理水平，整体反映了师生员工的思想、道德、心理素质和日常的工作、学习、生活方式以及学校对每一位成员的基本素质要求。培养和造就大学生成为社会主义事业的建设者和接班人，是学校工作的根本着力点。搞好校风建设应重视搞好"立志"教育。"志不立，天下无可成之事。"这与行为规范教育相一致。因此，大学生行为规范是树立良好校风的具体表现。

（四）大学生行为规范是实现学校人才培养目标的重要保障

学校的人才培养目标是不仅要为用人单位提供合格的技术人才，而且要培养德、智、体、美诸方面全面发展的社会主义事业的建设者和接班人。良好的行为规范是通过学校在教育过程中逐步培养大学生应具备的行为意识、心理素质与基本行为规范而实现的。大学生行为规范是实现学校人才培养目标的重要保障。

（五）大学生行为规范是学校思想教育工作的重要手段

大学生的行为好坏，不仅关系到大学生自己的形象，而且关系到为社会主义事业培养合格的建设者和接班人问题。在当今国际国内形势下，鉴于大学生的实际思想道德和行为规范状况，要实现我国社会主义现代化的战略目标，就必须坚持把教育放在首位，落实国家对大学生的思想政治品德教育的基本要求。大学生的思想政治品德，应体现在他们的言论行为中，高校应该通过为大学生制定良好的行为规范来提高大学生的思想认识和道德觉悟，从思想上和制度上来规范大学生的行为，使大学生严格自律，勤奋学习。因而，大学生行为规范是学校思想教育工作的重要手段。

二、大学生行为规范的作用

大学生行为规范具有示范与导向功能、约束功能和调节功能等，通过这些功能来维护和促进大学生行为的实施。

（一）大学生行为规范具有示范与导向功能

大学生是社会主义事业的建设者和接班人，通常被公众视为社会中的优秀分子，这种心理定位使大学生的行为举止在社会公众中具有很强的示范与导向功能。通过大力表彰在大学生行为规范和实施过程中涌现出来的先进集体和先进个人，通过对模范遵守行为规范的大学生事迹的大量的、生动的宣传教育，一方面使大学生了解和掌握行为规范的内涵与外延，努力让社会主义的行为规范在整个社会蔚然成风；另一方面也为大学生的行为指明正确的方向，提供正确模式，引导大学生自觉遵守行为规范，在行为规范限定的范围内活动，沿着正确的轨迹前进。通过示范与导向作用，可以辐射和带动周围的大学生和人民群众，为人民树立榜样。

（二）大学生行为规范具有约束功能

行为规范是一种特殊的约束机制，是学习教育机制中的一个重要内容。大学生作为高校主体，在教育管理的目标上，承担着重大的道德责任。因此，大学生不仅要有良好的政治素质和品质行为，而且必须具备高尚的道德情操。行为规范是有效约束大学生行为的一种强大精神力量，这种约束能力可以起到未雨绸缪的作用。

（三）大学生的行为规范具有调节作用

为社会主义事业发展贡献力量是对大学生的核心要求。因此，大学生在成人成才的过程中，若没有高尚的道德情操，就容易在学习、工作中出现怠慢和惰性。大学生行为规范具有判断、衡量其行为是否合乎行为标准的特性。这就要求大学生能够掌握、判断自己或他人的行为是否违反了行为规范，掌握衡量违反大学生行为规范的行为尺度。在学习生活中，行为规范可以加强大学生的自律性，同时还可以评价、指导、纠正大学生的行为，特别是大学生的言论行为和职业道德问题。

三、履行大学生行为规范应遵循的原则

（一）教育为主的原则

教育乃国之根本。历史的经验证明，疏于教育，就无法培养社会主义现代化建设合格的接班人。必须对大学生进行行为规范教育，使大学生树立正确的世界观、人生观和价值观，从思想上筑起坚固的长城，自觉抵制各种不良思想和不良行为的侵蚀。坚持教育，标本兼治。本着"有错必纠，超前预防，正面教育为主"的原则，通过谈话等形式，有针对性地指出其存在的问题和努力方向，帮助其吸取经验教训，提高大学生的自我约束意识，加强自身思想作风建设，防止和减少错误，避免小错酿成大错。其次要大力加强大学生的思想道德建设，对大学生进行成人成才教育，教育大学生树立正确的学习目的。再次要加强大学生行为规范的养成教育，通过学校教育、管理，通过开展形式各异、内容丰富的活动，将行为规范教育贯穿其中，不断提高大学生行为素质。

（二）实事求是原则

坚持实事求是原则，就是在规范大学生行为时要从实际出发，制定大学生应遵守的行为规则，使各项行为规则符合实际，符合党和国家的意志，符合社会主义道德要求，使大学生行为规范在实施中切实可行。实事求是原则要求在规范大学生行为时，首先要求实。求实，就是要使大学生的所作所为符合实际，从现实的客观情

况和客观规律出发，从我国国情和现代化建设的实际出发，使大学生的行为规范既体现学校培养的目标和要求，又合乎时代要求和人才建设的需要，同时还要和大学生的责任、身份及心理承受能力相适应。对大学生的行为要求不能过高，也不能过低。

其次要做到行为规范明确。对大学生行为的目的、对象、范围和方式要明确规范，不可以含糊不清或模棱两可。指明对符合行为规范的大学生，应该如何肯定、赞许；对违反规范要求、行为不端正的大学生，应该怎样作出批评，甚至处理。

再次要适当。就是要适中、适度，使大学生行为规范既符合党和国家的教育方针，又符合社会对人才的要求；既适应学校教育的基本规律，又适应大学生自身的需求。

最后要可行。大学生行为规范求实、明确、适当，都是为了可行。可行，就是指制定的行为规范可以在现实中有效实施，即行得通。在大学生行为规范工作中必须坚持一切从实际出发，按照辩证唯物主义和历史唯物主义的立场、观点和方法认识和处理问题。必须以事实为依据，以法纪为准绳，对违反行为规范的处理要依法行事。

（三）实效原则

规范大学生行为的目的，就是要培养一批有理想、有道德、有文化、有纪律的社会主义现代化建设事业的合格人才。因此规范大学生行为时，必须以提高学校行为规范教育的实际效果为出发点，坚持实效原则。在规范大学生行为过程中，坚持和体现实效原则必须抓好四项基本建设和搞好四个结合。

1. 抓好四项基本建设

一是完善制度建设。要实现学校教育、家庭教育、社会教育的和谐统一，营造大教育环境。二是加强阵地建设。要与学校、社区、社会的管理结合起来，依法管理，通过管理进行约束和引导。三是搞好环境建设。要重视加强行为规范教育环境建设。例如，通过大众媒体、文艺体育、互联网络、典型宣传、表彰奖励等，大张旗鼓、坚持不懈地宣传行为道德规范，塑造美好的心灵，弘扬社会正气，倡导科学精神。四是抓好队伍建设。要努力建设一支结构合理的思想道德建设和行为规范教育的队伍。

2. 搞好四个结合

一是与各种学校教育活动相互结合，将行为规范教育渗透到马克思主义理论课、思想政治教育课、素质教育、校园文化等活动中，与活动内容有机地融为一体。二是与社会教育相结合，积极鼓励大学生走向社会，参加社会实践，进行公民基本道德规范、市民道德规范的教育。三是与家庭教育相结合，争取家长对行为规范教育的密切配合。四是与自己身边的典型相结合，通过树立遵纪守法、文明礼貌、关心集体、团结友爱、刻苦学习、全面发展的典型，运用榜样的模范作用感召全体学生，引导大学生从一点一滴做起，使行为规范教育真正落到实处。

思考题：

　　1. 简述大学生日常行为规范的作用。

　　2. 思考自己的日常行为是否符合大学生日常行为的要求。

第六章　团队协作训练

　　团队协作是指通过团队完成某项预定的事件时所显现出来的自愿合作和协同努力的精神。团队协作能激发出团队成员的潜力，让每个人都能发挥出最强的力量。对于团队成员来说，不仅要有个人能力，更需要有在不同的位置上各尽所能、与其他成员协调合作的能力。通过团队协作训练，可以让学生理解团队在现代组织行为中的重要作用，强化团队精神，帮助建立团队协作意识。团队精神是大局意识、协作精神和服务精神的集中体现，核心是协同合作，反映的是个体利益和整体利益的统一，并进而保证组织的高效率运转。大学生团队协作训练是大学生的必修课，学校为学生提供协作的大环境，学生自由选择锻炼的方式，提升自己的团队协作能力。团队协作中，团队意识的建立是不可或缺的部分，考验团队协作的体育项目、团队游戏等可以培养学生的团队意识，慢慢提高学生的团队协作能力。

▶▶▶ 第一节 团队协作概述[①]

一、团队概述

团队是一个具有一定原则与规范，为了共同目标相互结合而成的群体。团队是一群人在工作或生活中互相帮助、共进退、同甘共苦的过程。团队可以被看作是一个实体。卡岑巴赫和史密斯给团队下的定义是：数量不多的一群人，他们技能互补、目标相同、工作表现指标一致、具有协同的认知、彼此为对方负责。

一般来说团队人数不到 30 人，根据团队的性质和特点来自行组合，并且有一定的纪律和规定，但是团队人数如果太少也会影响团队的分工合作，难以完成较为复杂的工作。当然，也有许多团队是超出这个数字区间的，比如微软 Office 办公系统的开发就是动用了上千名工程师协同完成的。

二、高效团队的特征

在孙淑卿的《大学生职业素养》一书中，她将高效团队的特征概括为：

1. 具有共同而清晰的目标

一个高效团队，首先要有明确的共同目的，这是保持团队内部平衡、迅速稳定前行的基础。任何的决策和手段，以及团队中的个人言行，都要紧紧围绕这个共同目标。清晰的目标可以激励个体为实现团队目标而调整个人关注的重心。在高效团队中，成员为团队目标奉献自己的力量，他们清楚地知道团队希望自己干什么，以及成员之间怎么样相互协作才能最终实现目标。而一个无明确方向和领导的团队，极易崩溃于内耗之中。

目标还应该有效地向大众传播，让团队的成员都知道这些目标，以此激励所有的人为这个目标去工作。每一位员工，作为组织或团队的一分子，都应该清晰地知道自己组织或团队的目标是什么。比如保安，目标很明确，那就是保障环境安全。如果每名保安都能够清晰地知道这样的目标，那么就知道在不同的情境下什么才是自己最应该做的事情。有时可能团队成员不一定都认可团队的最终决定。但只要是

---

① 孙淑卿，邹国文，朱丹. 大学生职业素养［M］. 天津：天津科学技术出版社，2018.

团队共同的决议，那么作为团队成员需要做的事情就是先努力把自己应做的事情做好，然后在有余力的前提下，研究分析自己的观点正确与否。

2. 有能力互补的成员分工合作

人是构成团队最核心的力量。3 个（包含 3 个）以上的人就可以构成团队。目标是通过人员具体实现的，所以人员的选择是团队中非常重要的一个部分。在一个团队中可能需要有人出主意，有人订计划，有人实施，有人协调不同的人一起去工作，还有人监督团队工作的进展，评价团队最终的贡献。不同的人通过分工来共同完成团队的目标，在人员选择方面要考虑人员的能力如何，技能是否互补，人员的经验如何。只要团队成员都能充分发挥自己的能力，团队的价值就可以最大化。也就是说，一个有效的团队，需要这些团队成员拥有一定的能力，并且这些能力彼此之间有互补性。

3. 成员之间相互信任

成员间相互信任是有效团队的显著特征，也就是说，每个成员对其他人的品行和能力确信不疑。很多知名的跨国公司都将团队至上的精神摆在了企业文化的显著位置。其根本原因是：具有团队至上意识的企业可以让员工感受到自己是真正置身于一个彼此尊敬、相互信任、坦诚不设防的团队中，这可以显著提高员工的工作热情和工作效率。

在团队中，如果没有了信任，每一个成员都无法知道自己的努力能否转变为团队的成功。因此在团队中既需要个人责任感，也需要相互信任。并且，信任的建立需要一个长期的过程。组织文化和管理层的行为对形成相互信任的群体氛围很有影响。如果组织崇尚开放、诚实、协作的办事原则，同时鼓励员工的参与和自主性，就比较容易形成信任的环境。

4. 内部良好的人际沟通

小宇明天参加小学毕业典礼，他高高兴兴地上街买了条裤子，可惜裤子长了两寸。吃晚饭的时候，趁奶奶、妈妈和姐姐都在场，小宇把裤子长两寸的问题说了一下，饭桌上大家都没有反应，饭后这件事情也没有再被提起。妈妈睡得比较晚，临睡前想起儿子第二天要穿的裤子长两寸，于是就悄悄地把裤子剪好缝好放回原处。半夜里，被狂风惊醒的姐姐突然想起弟弟的裤子长两寸，于是披衣起床将裤子处理好后酣然入睡。第二天早上，奶奶醒来给小孙子做早饭，想起孙子的裤子长两寸，马上"快刀斩乱麻"。结果，小宇只好穿着短了四寸的裤子去参加毕业典礼。沟通不畅不仅不能给劳动任务带来效果，反而会造成团队管理混乱、效率低下。一个团队只有进行充分的沟通，在沟通的基础上明确各自的职责，才能搞好协作，形成合力。

在团队合作中，几乎每一件事都离不开有效的沟通。无论是为了给他人以影响，还是为了理解他人的处境和想法，或者是想说服他人支持自己的建议或行动，或邀请他人参与到自己的团队或计划中来，都需要具备良好的沟通能力。当然团队领导尤其需要过硬的沟通能力。翟鸿燊曾说过，"团队，就是一个有口才的人，对着一群长着耳朵的人在说话"，可见沟通在团队建设中的重要性。团队成员之间可以用他们理解的方式传递信息，这些信息包括语言与非语言的信息。此外，沟通还表现为成员彼此之间积极的反馈互动。

在一个团队整体中，内部分工不总是如岗位职责那般清晰。因此，如果团队成员之间想要形成一种比较默契的分工，就需要成员具有良好的沟通能力，团队形成完善的沟通机制。

5. 有效的领导

团队领导是一个团队的灵魂。团队需要持续的强化动力机制，而强有力的领导者可以为团队提供持续的目的意义感并且起到维护凝聚力的作用。最好的团队领导总是与团队成员一起构筑团队的愿景、目标、规则和文化，并与团队成员共同培养团队意识。优秀的团队领导者会用服务者、合作者的心态，帮助团队成员实现他的个人目标。领导者要关心团队成员所关心的一切事情，诸如，他们在事业上的进步和成长，对执行过程的想法，包括个人报酬等。优秀的领导者不一定非得指示或控制，高效团队的领导者往往担任的是教练和后盾的角色，他们为团队提供指导和支持，但并不试图去控制它。当然，作为团队领导者最重要的是以身作则。

6. 内外部支持

要成为高效团队的最后一个必需条件就是它的支持环境。从内部条件来看，团队应拥有一个合理的基础结构。这包括：适当的培训，一套易于理解的用以评估员工总体绩效的测量系统，以及一个起支持作用的人力资源系统。恰当的基础结构应能支持并强化成员行为以取得高绩效水平，从而使团队成员之间更多的管理职责达成自觉的状态。从外部条件来看，管理层应给团队提供完成工作所必需的各种资源。

从上面的高效团队特征可以看到，团队是通过机制把人的价值最大化，以获得比单独个体力量更多的价值。而且在这种互动协同过程中，个体获得的不仅是更多的成果共享，而且还有协作中的归属感。

三、高效团队中的个人能力

1. 高效团队中的个人能力

团队中每个人的能力不同，但是不同的人可以在一个团队中发挥不同的作用。在团队中个人需要有着沟通、理解和宽容的能力，一个良好的团队有利于提升团队内的每一个人。

（1）理解。就是明确人与人之间的不同，能够公平公正地彼此对待。

（2）通情。通过"站在别人的角度与立场上思考"来达成对他人观点的理解。

（3）宽容。要以开放的心态面对别人不同的价值观、态度和行为。

（4）沟通。开放的沟通是必需的，只有通过沟通才能化解彼此的矛盾，使问题及时处理。

以上几点，特别强调了团队合作中的人际互动。同时，一个团队的有效性，还依赖于团队成员对任务的关注与投入。

2. 团队能力自测[①]

通过个体在团队中的工作任务完成导向与团队人际促进导向，对人的团队能力做出简要评估（见表 6-1），也可以明确进一步努力的方向。

表 6-1 团队能力评估表[②]

	总是这样	经常这样	有时这样	很少这样	从不这样
（1）提供事实和表达自己的观点、意见、感受和信息，以帮助小组讨论（提供信息和观点者）	4	3	2	1	0
（2）从其他小组成员那里征求事实、信息、观点、意见和感受，以帮助小组讨论（寻求信息和观点者）	4	3	2	1	0
（3）提出小组后面的工作计划，并提醒大家注意需完成的任务，以此把握小组的方向。向不同的小组成员分配不同的责任（方向和角色定义者）	4	3	2	1	0
（4）集中小组成员的相关观点或建议，总结。复述小组所讨论的主要论点（总结者）	4	3	2	2	0

---

① 孙淑卿，邹国文，朱丹. 大学生职业素养 [M]. 天津：天津科学技术出版社，2018：170-173.
② 孙淑卿，邹国文，朱丹. 大学生职业素养 [M]. 天津：天津科学技术出版社，2018：170-173.

续表

	总是这样	经常这样	有时这样	很少这样	从不这样
(5) 带给小组活力,鼓励小组成员努力工作以完成我们的目标(鼓舞者)	4	3	2	1	0
(6) 要求他人对小组的讨论内容进行总结,以确保他们理解小组决策,了解小组正在讨论的材料(理解情况检查者)	4	3	2	1	0
(7) 热情鼓励所有小组成员参与,愿意倾听他们的观点,让他们知道珍视他们对群体的贡献(参与鼓励者)	4	3	2	1	0
(8) 利用良好的沟通技巧帮助小组成员交流,以保证每个小组成员明白他人的发言(促进交流者)	4	3	2	1	0
(9) 会讲笑话,并会建议以有趣的方式工作,借此减轻小组中的紧张感,增加大家一同工作的乐趣(释放压力者)	4	3	2	1	0
(10) 观察小组的工作方式,利用自己的观察去帮助大家讨论小组如何更好地工作(进程观察者)	4	3	2	1	0
(11) 促成有分歧的小组成员进行公开讨论,以协调思想,增进小组凝聚力。当成员们似乎不能直接解决冲突时,会进行调停(人际问题解决者)	4	3	2	1	0
(12) 向其他成员表达支持、接受和喜爱,当其他成员在小组中表现出建设性行为时,给予适当的赞扬(支持者与表扬者)	4	3	2	1	0

1—6 题分数相加,并且乘以 100 除以 24,得分为 A;

7—12 题分数相加,并且乘以 100 除以 24,得分为 B。

A 的得分高表示重于完成工作,B 的得分高表示重于维护小组良好的关系。A 与 B 分数都高时,则表示既是一个团队的执行者,又是一个很好的团队组织者。

四、团队素养提升

团队的整体素养是这个团队能否成功的关键。个人需要团队来发挥自身的能力,得到社会的认可,获得自身的价值。

(一)做一个恰当的团队领导者

1. 善于激励

考察世界上最成功的组织,会发现都有一个共同点,那就是有效的团队管理。领导力专家约翰·马克斯韦尔博士说:"所谓团队领导者的成功,可以定义为对周围人能力最大程度的使用。"

对于团队的英文表述"TEAM"，有一个新的解释：T-Target，目标；E-Educate，教育；A-Ability，能力；M-Moral，士气。团队成员的态度和活力决定着团队的命运。只有让成员改变工作态度，整个团队才会有活力。其实，对任何一个人来说，每天都在做一项重复的工作，总有一天会变得对这份工作十分厌烦。因此，作为团队的领导，要做的第一件事就是，让员工对他所做的工作充满热情，让他喜欢上这份工作，这比任何激励方式都更为有效。首先，要使全体员工认识到好工作和坏工作并没有绝对的标准，就看如何看待它。其次，要让成员珍惜每一次工作机会。工作必有其不变及重复性，如果能乐在其中，则能给予自己及同仁无限的活力。再次，对待工作要全身心地投入，以一种专注的工作态度达到对内对外的要求，专注会使同仁或用户感到这是对他的尊重，也是对自己的尊重。

在团队成员的激励方面，可以充分借鉴赫兹伯格的双因素理论。赫兹伯格根据马斯洛的需要层次理论，进一步研究发现员工对工作环境不满意的反面并非满意，而仅仅是"没有不满意"。赫兹伯格认为影响人们行为的因素主要有两类：保健因素（生理、安全需求）和激励因素（归属、自尊、自我实现需求）。保健因素是指与工作环境或工作条件相关的因素，如公司的政策、管理和监督。保健因素处理不好，会引发对工作不满情绪的产生，处理得好，可以预防或消除这种不满。但这类因素并不能对员工起到激励作用，只能起到保持人的积极性、维持工作现状的作用。

激励因素是指与工作内容紧密关联，与个人的投入与被认同相关，如工作富有挑战性、工作取得成就、能力得到赏识、增加工作责任的负担以此获得成长和发展的机会等。与激励因素有关的工作处理得好，能够使人们产生满意情绪，如果处理不当，其不利效果大多只是没有满意情绪，而不会导致不满。要调动人的积极性，不仅要注意物质利益和工作条件等外部因素，更重要的是用一些内在因素来调动人的积极性。比如要注意工作的安排，量才录用，各得其所，注意对人进行精神鼓励，给予表扬和认可，注意给人以成长、发展、晋升的机会。

在团队激励方面，同时还包括对团队成员的适当批评，以使团队成员更好地遵守团队规范。但是，在对团队成员进行批评的时候，最好以公开的方式把问题明确出来加以解决，尽量避免个人化的问题解决。因为在团队成员之间，往往会因为个别成员受到特殊关照，而心生异议，而且在团队内部，需要强调以整体的视角去沟通表达。比如更多地强调使用"我们""团队""我们团队"，而非"我认为""你……他们……"这样的字眼。

2. 定期评估

每一个高效率的团队，都希望对自己的绩效做出客观评估。而要做出有效的团队绩效衡量，就需要按照预设的质量标准进行定期的客户调查。特别要强调的是，这里的客户也指服务的对象。作为团队领导者，需要建立一个定期获得客户反馈的信息回馈机制，可使用定期客户问卷调查的方式。可以了解客户对团队七个方面的评价：团队工作能力、诚实守信、换位思考、积极配合、方便联系、跟踪服务、信息共享。当然，获得客户反馈信息，还需要使用一些访谈的方式，了解客户更详细的反馈资料。只有团队带着明确的目标，并获得客户真实而及时的反馈，才能知道团队的状态。然后在这个数据基础上，就可以实施团队成员的强化与激励。如果团队成果显著，就需要对团队成员进行适当的强化激励。可以在团队内部设置诸如"最优秀客户服务奖""最佳创意奖""超额完成任务奖"等，一方面强化团队的目标与规则，另一方面使团队成员获得执行力的强化。

3. 定期休整

团队需要从日常压力中解放一段时间加以休整，在这样的时段里，团队可以重新审视自己的价值观、目标、规范、工作方法，加深对自己的认知，并促使团队成员产生更密切的团队认同感和归属感。另外，在日常的压力工作氛围里，团队成员的焦点都集中在任务以及要解决的客户问题上，比较难以从更宏观与长远的角度思考问题。通过休整，可以在一种放松的氛围下，从更深远的角度来思考客户的问题，明确团队的目标。

4. 团队中的人尽其用

团队精神的基础是尊重个人的兴趣和成就，核心是协同合作，最高境界是全体成员的向心力、凝聚力，反映的是个体利益和整体利益的统一，并进而保证组织的高效率运转。团队精神的形成并不要求团队成员牺牲自我，相反要挥洒个性，表现特长，保证成员共同完成任务目标，而明确的协作意愿和协作方式则产生了真正的内心动力。团队精神是企业文化的一部分，良好的管理可以通过合适的组织形态将每个人安排至合适的岗位，充分发挥集体的潜能。如果没有正确的管理文化，没有良好的从业心态和奉献精神，就不会有团队精神。因此，团队精神必须有一个良好的载体，必须有制度体系来维护和巩固。比如球队的纪律性和严肃性就是赛场上队员发挥团队精神的有力保障。

一个好的团队，不是一群能人的各自为战，而是围绕目标的有效执行。从管理角度来说，要用人所长。因为"物以类聚，人以群分"，需要针对事情这个物的"类"来安排针对性的人来做，这样才能达到团队效率的最大化。为此，作为一个团队领导者，需要建立起所有团队成员的特征资料。这些资料包括成员的核心能力、追求的价值点、人格特征等信息。

赫兰德（Holland）把人的职业兴趣分为六种类型：操作型、思辨型、创新型、帮人型、说服型、谨慎型（见表 6-2）。通过对人特征的分类，就可以进行针对性的任务安置与匹配。

表 6-2　Holland 兴趣六类型[①]

类型	职业环境	个人风格
操作型	要求明确的、具体的、体力的任务和操作技能，需要立即行动和获得强化，较低的人际关系要求，户外的	愿意使用工具从事操作性工作 有机械呆板倾向 重视现实，实际动手能力强，做事手脚灵活，动作协调。体魄强健 偏好于具体任务 不善交际，避免人际关系的任务
思辨型	要求具备思考和创造能力，社交要求不高，思考任务定向，要求实验室设备但不需要强体力劳动	富有理智和评判精神 讲求科学性 思想家而非实干家，偏好抽象思维工作 富有创造力 求知欲强，善于思索，不愿动手 简明扼要 只有学识才能，缺乏领导才能 独立、内省、好奇的
创新型	通过语言、动作、色彩和形状表达审美原则，单独工作，对友谊有特殊标准，解释和修正人类行为，长时间埋头苦干	喜欢以各种艺术化的形式表现自己 想象力丰富 唯美、理想化、情绪化、冲动、无秩序 富有创意，直觉的 相当独立且外向 具有特殊的艺术才能和个性 有创造力，乐于创造新颖、与众不同的艺术成果，渴望表现自己的个性
帮人型	解释和修正人类行为，要求高水平的沟通技能，热情助人，延迟强化，强调威望	友善，合作。负责，有洞察力 喜欢与人打交道 乐于助人，喜欢从事为他人服务的工作和教育工作，社会服务导向工作 关心社会问题 传统女性气质的冲动 不能理智地解决问题 寻求亲近的人际关系. 比较看重社会义务和社会道德

---

① 孙淑卿，邹国文，朱丹. 大学生职业素养［M］. 天津：天津科学技术出版社，2018：170-173.

续表

类型	职业环境	个人风格
说服型	有说服他人的能力，需要管理行为，完成督察性角色，需要做言语反应	喜欢冒险，有野心 决断力强 乐观自信，精力充沛 追求权力、权威，偏好领导角色 善于交际，口才好，言辞有技巧，做事巧妙
谨慎型	要求系统的、常规的行为，体力要求极低，室内的，人际技能要求低。规章制度明确	顺从，谨慎，保守，稳重，细心 工作踏实，忠诚可靠 有效率 偏好结构性的工作与社会认同 尊重权威，喜欢按计划办事，习惯接受他人的指挥和领导，不喜欢竞争，富有自我牺牲精神

在沙因（Schein）的职业理论中，他认为人们经常有一种稳定的职业属性追求，即使面临压力的选择，人们也不会放弃职业中至关重要的东西或价值，而这个就被称为职业锚。职业锚是一个人的价值观能力和动力的整合体，可以指导、约束或稳定个人的职业生涯。沙因的研究表明，职业锚在工作两三年内形成，之后极少发生改变。因此，把握每个团队成员的职业锚特征（见表 6-3），就可以了解成员的工作偏好，给予更好的匹配定位。

表 6-3　职业锚类型说明

职业锚类型	特征描述
技术/职能型 （Technical/Fusetionul Competence）	追求在技术、职能领域的成长和技能的不断提高，以及应用这种技术、职能的机会。他们对自己的认可来自他们的专业水平，他们喜欢面对来自专业领域的挑战。他们一般不喜欢从事全面的管理工作，因为这将意味着他们放弃在技术、职能领域的成就
管理型 （General Managerial Competence）	追求并致力于工作晋升，专心于全面管理，他们想去承担整个部分的责任，并将公司的成功与否看成自己的工作。具体的技术功能工作可能仅仅被看作是通向更高、更全面管理层的必经之路
自主/独立型 （Autonomy/lndependence）	希望随心所欲安排自己的工作方式、工作习惯和生活方式。追求能施展个人能力的工作环境，最大限度地摆脱组织的限制和制约。他们宁愿放弃提升或工作扩展机会，也不愿意放弃自由与独立
安全/稳定型 （Security Stability）	追求工作中的安全与稳定感。他们可以预测将来的成功从而感到放松。他们关心财务安全，例如，退休金和退休计划。稳定感包括诚实，忠诚以及完成老板交代的工作。尽管有时他们可以达到一个高的职位，但他们并不关心具体的职位和具体的工作内容

续表

职业锚类型	特征描述
创造型 （Entrepreneurial Creativity）	希望用自己的能力去创建属于自己的公司或创建完全属于自己的产品（或服务）。而且愿意去冒风险，克服面临的障碍。他们想向世界证明公司是他们靠自己的努力创建的。他们可能正在别人的公司工作，但同时他们在学习并评估将来的机会。一旦他们感觉时机到了，他们便会自己走出去创建自己的事业
服务型 （Service Dedication to A Cause）	他们一直追求自己认可的核心价值，例如：帮助他人，改善人们的安全状况，通过新的产品消除疾病。他们一直追寻这种机会，这意味着即使变换公司，他们也不会接受不允许他们实现这种价值的工作变换或工作提升
挑战型 （Pure Challenge）	喜欢解决看上去无法解决的问题，战胜强硬的对手，克服无法克服的困难障碍等。对他们而言，参加工作或职业的原因是工作允许他们去战胜各种不可能。新奇、变化和困难是他们的终极目标。如果事情非常容易。他马上变得非常令人厌烦
生活型 （Lifestyle）	只喜欢允许他们平衡并结合个人的需要、家庭的需要和职业的需要的工作环境。他们希望将生活的各个主要方面整合为一个整体。正因为如此，他们需要一个能够提供足够的弹性让他们实现这一目标的职业环境。甚至可以牺牲他们职业的一个方面，如提升带来的职业转换。他们将成功定义得比职业成功更广泛。他们认为自己如何去生活、在哪里居住以及如何处理家庭与事业及在组织中的发展道路是与众不同的

生活型的人会希望工作有足够的弹性，以整合个人的、家庭的、职业的需要，他们不喜欢加班，更不喜欢生活被太多工作干扰，如果升迁让生活变得一团糟，那么他宁可放弃升迁；而挑战型的人则总是渴望超越自我，解决别人看来不容易解决的问题，战胜强有力的竞争对手，如果工作风平浪静枯燥乏味，那一定惦记着赶紧换工作。

总之，一个团队能否成功，能否具备凝聚力，目标最为重要，其次就是合理高效地安排每一名成员，让合适的人承担合适的职位，只有这样，才能让团队集体勇往直前，扬帆远航。

（二）建立团队规范

团队是一个以成果为衡量标准的组织，因此需要强化成员的能力提升。这就需要对团队成员引入系统的、针对性的教育提升系统，给团队成员以教育和培训的机会。为了强化团队的执行力，需要团队有一个强有力的规范体系，而且这个规范体系能得到团队成员的一致认同。

团队规范包括隐含规范与明文规范。前者是大家都明白，但没有写在文件上的规范。后者是经过团队讨论、大家一致同意的规范，并以书面形式表现出来，全体成员都需要遵守。团队规范用于指导成员行为，从而营造积极氛围。或者在团队脱离正轨的时候，使用规范进行纠正。总之，在团队中规范是不可或缺的。

在规范制订过程中，个人因素希望团队规范赋予每个成员权利、社交、尊重、奖励等需求。而集体因素则强调整体性，注重和谐，并且寻求集体利益最大化。

当个人和集体因素作用都低时，成员之间会彼此隔阂。而当个人与集体都较好地参与规范制订时，则能够营造富有创造力的环境。在这样的团队里，全体成员都遵守同样的规范，也允许每个人表达自己的观点。这才是充分发挥集体因素作用和个人因素作用的优秀团队。

团队行为规范示例

所有会议都要有明确的议程与会议主持人，并且要准时开始与结束，所有人都要参加。

所有会议中，每个人都要聆听别人的发言，尊重不同的观点。

客户的反馈是团队最需要重视的事项。

用来沟通的邮件列表必须包含每一个团队成员，以保证所有成员都及时知悉团队内的重要信息。

团队遇到风险时，要齐心共渡。

工作与执行的时候，彼此要充分信任，并且用行动来表明。

团队领导负责做最后的决定，但是每个成员的意见都是宝贵的。所有成员为团队决策负责。

分配任务时尽量按个人特点分配，以使每个人都有最大的价值发挥。

在团队内部，无论是正式还是非正式交流都非常重要。

团队内部遇到争论甚至冲突，都不能把冲突个人化，而要在团队的氛围下解决。

通过团队会议如果可以形成一个明文规范，那么就可以进行公布，从而形成一种群体监督的格局，以便使团队迅速走向规范阶段。在形成团队规范之后，就需要切实贯彻。那些不服从管理或调度，特别是一贯不服从管理的人，无论其拒绝的理由多么充分，都应该被视为是对团队的破坏。但团队规则也需要有一定的弹性空间，以体现团队整体的创造性，最终形成一个具有驱动力、学习力、执行力、活力和凝聚力的团队。

（三）打造团队精神

团队精神，就是大局意识和协作精神与服务精神的共同体现。团队精神要求团队成员有着共同的价值取向，并且能够信任团队领导人，团队成员之间相互协调、包容、引导，灌输正确统一的文化理念。团队精神需要团队内部成员之间的优秀的合作态度，为了一个共同的目标，为了这一共同目标团队成员一起奋斗。

在孙淑卿的《大学生职业素养》一书中，她将团队精神分为：

1. 团队信任

团队规范可以通过讨论与会议的方式形成。但规范变成习惯，并促使团队成员彼此之间产生信任却还需要一个发展的过程。

研究表明，信任有一个连续的发展过程。信任不断发展到更高阶段时，团队内部信任会表现出一些强的韧性。此时，信任程度加深，偶尔的信任破坏也很容易修复。就发展的阶段而言，信任开始是一种"计算型信任"，即被信任方会仔细计算：如果自己得到对方的信任，会有什么收益；如果自己失去对方的信任会承担什么后果。在这种信任模式下，信任方高度重视被信任方的行为表现，计算因为信任他人而可能带来的收益与风险。信任方只有在确认信任对方会给自己带来净收益时，才会选择信任对方。

随着时间进展，成员之间交流增多，信任越来越不用做特别检验，这样彼此之间的信任程度就会得到加强。"计算型信任"在很大程度上属于理性的范围，其基础是被信任方的一贯表现和可靠程度。随着这种可靠程度越来越强，成员间信任就可以发展到最高的水平，即"认同型信任"。在这个阶段，双方完全了解彼此的需求和愿望，非常信任对方。他们知道对方最关心什么问题。在这个阶段，双方认同彼此的价值观，能够建立起情感联系。

与计算型信任相比，认同型信任有更多的情感因素，双方更加关怀彼此的需要，并努力去满足对方。在团队中建立起认同型信任，则团队关系会非常牢固。团队成员彼此信任，相信团队整体的决定。这时，给团队成员安排合适的角色，成员就容易接受并胜任。

2. 大局意识

大局意识就是把自己的利益需求与团队利益目标放在一起考虑的意识。因为在团队中，每个人的价值判定最终是以团队成果为大前提的。因此，自身利益的达成，需要在团队利益达成的基础上才可能实现。以这样的思考方式实践，就需要在个人利益与团队利益有冲突时，对个人利益做出适当的让步。

3. 协作精神

团队需要用心维护三种关系：成员之间的关系、团队与成员间的关系、团队与客户间的关系。如果团队成员能够站在对方的位置上思考，争取理解对方，那么他其实就是在用自己的行动向对方证明彼此的关心。这种换位思考，就是协作精神的内核。

如果团队成员都能够认识自己的情绪，并进行换位思考，那么就可以使团队有一种协作的精神状态。因为换位思考其实体现的就是一种彼此的尊重。每个人都希望被尊重，而且受到尊重会使人有更强的自信心，团队成员之间的关系会更稳固。在培养作为一个团队成员的协作精神方面，可以从以下这些行为入手。

（1）争取理解他人，并加强沟通以确认自己的理解。

（2）以他人的思路为导向，使信息传达更易于理解。

（3）与他人"感同身受"。

（4）用心倾听。

4. 服务精神

团队内的服务精神，其实就是一种大客户中心观念。因为在团队中，成员之间彼此协作，这时协作方都是彼此的客户，需要从对方的需求出发，最大限度地满足"客户"的需求。所以，服务精神的本质就是一种客户中心意识，随时反思自己的"客户"价值实现状态。只有团队内部有这种深入的彼此服务精神，才有可能使团队呈现出一种有效的客户服务风格。

（四）团队有效性评估

一般来说，可以从以下五个方面来评价团队总体凝聚力与团队有效性。

（1）成员参与度。指一个团队的每一个成员都可以并有义务分享一份领导责任，一个团队是大家共同来领导的。如果一个团队是独裁专制型的，那它的健康水平也就最低。

（2）团队人际力。指成员在一起工作相处的技巧。

（3）团队和谐度。指团队成员共处的情绪、和谐度和信任感。

（4）团队凝聚力。指团队成员对目标的一致性。

（5）成员贡献度。指团队成员为实践自己的责任所付出的努力和成就程度。

▶▶▶ 第二节　大学生团队协作能力的培养

案　例①

某著名公司招聘管理层人员，12 名优秀应聘者从几百人中脱颖而出，闯入复试。此次招聘只有 3 个名额。复试开始后，负责人把这 12 个人随机分成甲、乙、丙、丁 4 组。指定甲组的 3 个人去调查婴儿用品市场，乙组的 3 个人去调查学生用品市场，丙组的 3 个人去调查中青年人用品市场，丁组的 3 个人去调查老年人用品市场。

"我们录取的员工是负责市场开发的，所以你们应该具备对市场的观察力和对一个新工作的适应能力。现在，你们分别去办公室领取一份相关的资料。"

两天之后，12 个人把自己的市场分析报告送到了负责人那里，负责人看完之后恭喜甲组："你们被本公司录取了，因为在这 4 个组中，只有甲组的 3 个人互相借用了各自的资料，补全了自己的分析报告。这正是我们公司需要的人才——具有团队合作意识的人才。"

团队合作能力是当代职业素养的重要内容。团队合作能力包含凝聚力、合作意识和高昂的士气等核心内容。企业把"是否具有团队合作能力"作为是否录用的指标。在现代社会，个人的力量显得非常渺小，单靠个人能力来解决重大问题的可能性已经微乎其微，更多的成果是靠"集体大脑"。也就是说，时代要求个体在具备必要的自身能力之外还必须具备与他人合作的协作能力。

一、团队合作能力的内涵

第一，团队的凝聚力是团队合作能力的核心，团队合作能力表现为团队强烈的归属感和一体性，每个成员都能将团队的成员看成是一个整体，将团队联系起来。

第二，合作意识是团队的基础，队员互相帮助，共同承担，才可以在一个团队中将每一个人的潜力都挥发出来，大家在目标上的一致能够产生最大的协同效应，发挥最大的团队能力。

---

① https：//www.hinwen.net/17803.html.

第三，团队的氛围是一个团队的表现。团队成员对某一事件的共同态度能够体现成员是否对团队有着全身心的投入。

二、培育大学生团队合作能力的重要性

目前在校的大学生基本上是独生子女。独生子女在成长过程中受到较多的关爱，基本处于家庭的中心地位，往往自我中心意识膨胀，很容易缺乏与人团结协作的主动性。在"大学生团队合作能力调查"中，70％以上的同学认为团队合作能力在学习领域、生活领域、科学研究领域中较重要。令人深思的是：仍有12％的同学认为团队合作能力是一种不承认个人利益、抹杀个性的精神。并且，随着年级的增长，越来越多的人认为在社会主义市场经济条件下，强调团队合作能力会吃亏。

三、培育大学生团队合作能力的措施与途径

集体主义是大学生团队合作能力素养的价值底蕴。一种良好的团队教育，能产生优良的集体利益效应，团队成员都十分关心团队利益。这也可以归类为实现集体主义教育的结果，在社会主义核心价值观主旋律的前提下，大学教育应该倡导宽容的团队集体主义精神。团队合作能力素养在这一精神中能够很好地发展。在孙淑卿写《大学生职业素养》一书中，她将培育大学生团队合作能力的措施与途径分为以下几种。

（一）通过教学活动，充分发挥思想政治理论课对团队合作能力的培育

目前，部分大学生由于缺乏团队合作能力，要么仅仅注重个人的发展，忽视团队的作用；要么缺乏个性，随波逐流，在竞争中被淘汰。知识经济步伐的加快，科技发展的日新月异，呈现出各种学科、知识、信息、文化的交叉化，任何一个项目的完成单靠个人的力量是不可能实现的，它需要各种英才的会集，发挥团队的智慧，同时辩证地处理好合作与竞争、个体意识与团队意识的关系。良好的团队合作能力不仅是思想政治工作的基础，为思想政治工作提供了有效途径，使学生的思想观念、道德标准和行为方式受到潜移默化，而且是思想政治工作的一项重要目标。

邀请高校内外成功人士为学生开设讲座（如知名教授、企业家、工程师等），以他们的成功案例及丰富的社会阅历启迪大学生的思维，为大学生树立学习的榜样，增强大学生培养团队合作能力的自觉性。

（二）应从日常学习生活中的点点滴滴做起，培育大学生的团队合作能力

大学校园中，一项集体活动从发起到结束的过程，往往是形成亲密人际关系的

过程。在日常的学习、生活中，同学之间得以经常交换思想、交流情感、相互关心，在交往中共同体验合作的快乐。团队合作能力归根结底就是互助精神，只有通过日常生活中经常性的互助活动，才能使学生深刻领悟"我为人人，人人为我"的集体主义内涵，从而自觉摒弃自私自利、唯我独尊的个人主义作风。

（三）通过班会，加强班级建设，有效地凝聚大学生的团队合作能力

班级是大学生成长的重要单位，也是最基本的集体单位。为了班级共同目标能实现，需经常或定期开班会。在班会中，学生们以思想、学习、参加社团或项目实践的体会以及如何搞好各项活动等内容交流心得、畅所欲言，使得班级成员在心理上彼此认同，产生一体感和归属感，增强集体意识。同时，也易促进班级全体成员迸发行动的力量，最大限度地为集体目标共同努力，从而有效地培养了团队合作能力，加强了与人协作的能力。

（四）依托社团、项目小组建设，激发大学生的学习兴趣，培养大学生团队的合作能力

社团是微观的社会，参与社团活动是步入社会前最好的磨炼。在社团中，可培养团队合作的能力、领导才能，也可以发挥学生专业特长，避免课堂教学的拘谨，增加了趣味性。社团也是兴趣爱好者的乐园，兴趣爱好者加入社团，必须选好社团骨干，明确社团工作方向，主攻一项，不流于形式，不虎头蛇尾，踏实做事，甘于做一个诚心诚意的服务者和志愿者，这样才能够发挥自己的特长，提高自己的技能、沟通能力、协作能力等。如就业协会、影视协会、篮球协会、英语协会、动漫协会等学生团体，把好的思想"共享"，把好的活动"共融"，促团结，讲合作。优秀企业都是从团队创业起步的，应该明白优秀企业更看重员工的协作精神。北京朗讯科技贝尔实验室在招聘时就十分注意招聘对象的潜在素养与协作技能。如：两个应聘者具有相同的研究成果，一个是独立完成的，另一个是作为项目负责人完成的，实验室更倾向于后一位应聘者，因为他经受过团队合作的考验，知道如何与人相处。总之，无论是学校的教学中心工作，还是课外活动和校园文化以及教育工作的方方面面，在教育教学活动中，都应该让学生学会体验、领会、理解相互尊重、爱护、支持，学会宽容、学会协作、学会"双赢"等团队合作能力素养的内涵。

思考题：

1. 什么是团队，高效团队有哪些特征？

2. 如何提高团队素养？

▶▶▶ 第三节　　大学生团队协作训练项目

一、信任背摔[1]

（一）项目简介

信任背摔（如图 6-1）是素质拓展训练中的经典项目。在信任背摔项目中，每个队员轮流站上约 1.7 米高的背摔台上，背对为他进行保护的队员，然后直挺地倒向台下保护队员用手臂搭起的"垫子"上。在这个项目中，每名队员都要扮演两种角色：背摔者和"垫子"的搭建者。当你是背摔者时，你就要对台下队友有绝对信任；当你是"垫子"搭建者时，你必须对台上队友的安全负起责任，不能有丝毫的疏忽和懈怠。通过这个项目的练习，不仅能促使队员之间相互信任，还能培养队员们的责任感和团队协作精神。所以这个项目既是个人挑战项目，又是团队合作项目，是一种信任与被信任、给予信任与得到信任的拓展训练项目，它是一个使同伴之间从一般了解到产生信任，从而发展成为人格信任的锻炼过程。

图 6-1　信任背摔

（二）运动价值

背摔者对保护自己的同伴的信任度，还应取决于这个团队的凝聚力、责任心、团队合作精神以及团队给背摔者信心的大小。事实上，除了第一个上背摔台的人不

---

① 杨惠恩，兰燕生，时广海. 体育游戏［M］. 北京：北京体育学院出版社，1987.

知道下面同伴的保护能力外，其他人都会因为目睹团队的保护能力而对他们产生一定的信任。背摔者虽然背对着保护自己的同伴，但可以通过语言上的交流来感受团队的力量，背摔者问道："准备好了吗?"下面的同伴会齐声响亮地回答："时刻准备着!"由此给背摔者带来勇气、力量和信心，使其充分信任战友，融入团队，提高集体的战斗力。

(三) 场地与器材

1. 场地

一块平整的场地，以室外为佳。

2. 器材

(1) 绑手带，每队一条，材质柔软为宜。

(2) 背摔台，高度以 1.4～1.7 米为宜，太低达不到体验效果，太高则容易产生安全隐患，可因地制宜，选择固定建筑物作为背摔台。如果需要临时搭建背摔台，则务必注意其牢固程度，以防出现摇晃、坍塌等安全事故。

(四) 基本技术

(1) 体验原地直体后倒身体着垫的感受。首先教员讲解直体后倒的要领："身体直立两腿紧并，臀部 (肌肉) 夹紧 (两) 肩后张，自然后倒不蹬地。"并进行示范。然后各小组分别在跳高常用的海绵包处进行练习，体验原地直体后倒身体着垫的感受。

(2) 高位直体后倒，战胜自我，消除恐惧感。让学员分别从 1 米的高度和 2 米的高度练习直体后倒，倒在两层大约 80 厘米厚度的海绵包上，要领同上，使学员体验从克服极度恐惧到战胜自我的成功喜悦。同组学员在垫子的三面进行保护并观赏学员的动作。

(3) 完整练习，增强责任心和信任感。学员从 2 米高度 (由课桌搭成) 直体后倒，小组其他成员均分为两队，对面站立后手拉手形成保护网，接住学员，不使学员有任何不适。要求保护者对同伴的安全有高度的责任感，学员对同伴的保护要绝对信任，练习时为了安全，在手拉手形成的保护网下仍保留一块跳高用的厚海绵。

(五) 项目规则

项目最低人数为 11 人，不宜超过 15 人，其中男士应不少于 3 人。当队员中有体重过大 (超过 100 千克) 的队员时，则应保证至少有 4 名男士位于主要部位接人，如果不能达到这个要求，则考虑撤换该项目，但是切记不可免去该名队员参与项目的资格，否则对个人容易造成不良的心理影响，同时影响整队的融合感。项目讲解与学员提问时间：15 分钟，项目执行时间：30～40 分钟，项目回顾总结时间：30 分钟。

背摔队员背摔时要严格遵守以下规则：

（1）双臂向前伸直，手掌向下，双手体前交叉，十指交叉紧握，腕关节向内翻转，双臂紧贴胸口，两臂肘向里收紧，同时用捆手带绑住腕关节。

（2）站在背摔台上时，脚后跟出台 2 厘米左右。

（3）膝关节伸直，收腹、团身，不用力蹬板身保证身体笔直地倒下去，倒下时两脚并拢，不要抬小腿，严禁竖直跳下（防止打到下面队员的脸部，同时嘱咐最靠近自己的两位队员集中注意力）。

（4）遵循呼应原则，准备好后，大声问下面的保护队员"准备好了吗"，听到呼应"准备好了"之后，大声数"1、2、3"后，果断地倒下。

二、拔河[①]

（一）项目简介

拔河（如图 6-2）是古老的游戏运动，相传起源于春秋时期的楚国宫廷，后流传至民间，并成为广大人民群众喜闻乐见的体育项目，拔河属于我国的传统体育项目，在 1900 年到 1920 年的五届奥运会竞赛中，拔河都是正式竞赛项目。

图 6-2　拔河

（二）运动价值

1. 强身健体

经常参加拔河运动，对提高身体素质和改善健康状况有很大好处。拔河时腿部

---

① 杨惠恩，兰燕生，时广海. 体育游戏 ［M］. 北京：北京体育学院出版社，1987.

要用力蹬地，腰部要挺直，手臂要用力握绳往后拉，连脖子都要使上劲，所以经常练习拔河，可以使人体的肌肉骨骼系统得到有益的锻炼，尤其能提高力量和耐力素质。拔河是一项强度较大的对抗性运动，它要求在较短的时间内动员全身各器官、系统投入紧张的运动中，因此，拔河运动可以改善神经系统的功能，提高和增进呼吸系统及心血管系统的功能，促进新陈代谢。

2. 培养集体主义精神

由于拔河运动的对抗性很强，尤其是竞赛双方势均力敌时，常常出现拉锯局面，甚至相持不下，这就要求全队队员团结协作、听从指挥、步调一致，从某种意义上讲，它比球类等其他集体项目更要求团结合作、行动统一，因此，经常进行拔河练习，不仅能够增强体质，而且可以培养集体主义精神。

（三）场地与器材

1. 场地（如图 6-3）

（1）场地要平整：场地的软硬程度要一致，千万不能有些地方松软，有些地方坚硬。

（2）场地不能有坡度：站在坡上比站在坡下拉起来费劲得多，这是显而易见的。

（3）场地质量：土地、沙滩等均可采用，但是，有坑、洼、碎石的场地不宜使用，以免发生伤害事故。

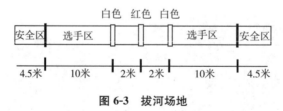

图 6-3　拔河场地

2. 器材

（1）拔河绳

拔河绳是主要的器材，材料最好是麻绳或棕绳，其规格为：长 25 米左右，直径 4 厘米左右。

（2）标志带

拔河竞赛时，拔河绳上一定要系标志带，以它的位置变化作为胜负的标志，标志带要求是用红色或其他鲜明的彩带系于拔河绳的中点上，标志带下端绑一个重物做坠子，使标志带垂直向下，其长度要酌情而定，应以拔河队员姿势最低时坠子接近地面为宜。

（3）握绳限制线

应在拔河绳的中点两侧 3 米（或 2 米）处，各系一段红色（或鲜明颜色）的短绳，作为运动员握绳的限制标志线，此短线绳的系法也用活扣，以便在调整拨河绳中心的标志带时，可作适当调整。

（4）裁判用具

发令小红旗一面，口哨一个，计时秒表一块，记录用笔两支，记录夹板两块，竞赛队指挥员用小旗两面。

（四）基本技术

拔河基本技术有握绳、站位、身体姿势、开始后的使劲共四种。

1．握绳

动作方法：前臂伸直远握，后臂屈肘，用腋部夹住绳近握，身体紧靠绳，一般有两种握法，一种是手心朝上，另一种是两手相对，无论怎样握都必须握紧，能用上劲，两手握绳后两臂弯曲向内收紧，靠绳一侧的腋窝夹住绳子，上体靠向绳子，使力量集中于一处，从头到腰保持一条直线，两膝稍屈，身体下蹲。选手不得握在绳子中心线标记与第二标记之间的部分，在每次竞赛开始时，排在首位的选手应抓在尽量靠近第二标记的地方，选手不得在绳子上打结或系圈，也不得将绳子系在任何一名选手身上的任何部分。每次竞赛开始时，应将绳子拉紧，并且绳子上的中心标记应正好在地面中心线的正上方。

2．站位

（1）"八"字步，两脚前后站立（一般讲，哪个腋下夹绳，哪只胳膊弯曲在后，同侧腿就是主力腿，就稍站在后面一点），两脚跟相距约一拳，两脚尖分开成"八"字形，脚掌抓地，脚跟和脚的外沿用力，两膝微屈，以便启动时向后用力，这种站法比较稳当。

（2）"丁"字步，两脚前后成"丁"字形站立，前脚脚跟与后脚脚弓相距约一拳，前腿自然伸直，后腿稍屈膝，用力方法和"八"字步相同，但重点在后腿上，启动后，两腿同时用力，前腿再向后移，倒着步子拉，这种站法适合于快攻，在拔河竞赛时有全队都采用"八"字步的，有都站"丁"字步的，也有两种步法混合使用的，即：前面的几个人站"丁"字步，后面的站"八"字步或最后一人站"丁"字步。

（3）**身体姿势**

无论采用上面哪一种站法，拉的时候身体的姿势都应该是蹬腿、挺腰、仰头，全身向后用力，形成倾斜的直线，那种两手拉着、身体往绳子上趴的后拉方法看起来很有劲，实际上力量并不大，而且不持久，用不上全身力量。在拔河过程中，两队力量不相上下时，就需要"坚持"，坚持时一定要挺住，这时两脚蹬地的力量特别重要，腰要挺起来，仍然要向后用力，但可适当压低拔河绳，等拉时再恢复原来的姿势。握绳以后，尤其是向后拉时，站成 45 度角左右比较合适，角度太大使不上劲，坚持时挺不住，角度太小站不稳，容易蹬空打滑。启动以后（包括坚持或刹住不动时）应该是一条呈现着向后拉的力量，而不是拉时向后拽，不拉时不用力甚至拉一下松一下，因此，从启动开始身体基本上都是正面向前，要贴着拔河绳用力，不能趴到绳上或侧身挂在绳上。

（4）开始后的使劲

为了将每个人的力量往一块集中，就要排列队员，发挥全队的力量，保证绳子不起伏、不摇摆、不偏斜等。

A. 站位。站位分为一边站、两边站和不论次序拉伸站位。

B. 距离。无论采用上述哪种站法，前后两个人的间距以 10～20 厘米为宜，过近或过远都会影响发力。

C. 排列。队员的排列，主要是指队员高矮的搭配和队首队尾人员的选择。

（五）项目规则

1. 竞赛方法

（1）全场竞赛采用三局两胜制，即赛三局先胜两局者为胜队。

（2）每局竞赛时间，18 岁以上：男子组 3 分钟，女子组 2 分钟。

（3）挑边，竞赛前裁判组织队长挑边决定每个队的位置（也可以由竞赛组织者预先安排决定），第三局（决胜局）应重新挑边。

（4）取胜标志，在规定时间内，将标志带拉过本方争夺区横线后沿者为胜利，如果规定时间已到，双方都没有将标志带拉过本方的"横线"，那么可用下列方法评判胜负：

A. 标志带离哪个队的争夺区横线近，就判哪个队获胜，也可判平局。

B. 如在决胜局中出现平局，就以全场竞赛中犯规和违例较少的队获胜。

以上办法均需在赛前预先做出明确规定。

2. 局间休息和换人

每局之间可休息 3～5 分钟，决胜局前可休息 5～10 分钟，具体休息多长时间，在竞赛之前也应明确规定。局间休息时队员可以离场，可以集体研究战术，也可以换队员，但必须报告裁判员，并只限于报名单上的替补队员。

3. 竞赛通则

（1）在竞赛中可按性别编队，也可男女混合编队，但不得超过规定人数。

（2）在竞赛进行中不得换人。

（3）在竞赛中，其他任何人不得触绳，不得触及正在竞赛的队员。

（4）指挥员不得妨碍或干扰对方的动作。

（5）竞赛队员应穿平底鞋，不得戴手套或在拔河绳上添加任何有助于拉绳的附着物。

（6）在竞赛开始前，任何队员的脚下不得触及或踏过争夺区横线，任何队员的手不得触及或越过握绳限制线。

（7）在竞赛中，任何队员触及或踏出边线，以及竞赛结束时突然撒手，都为违例。

（8）在开始起动时，某队"抢拉"，即在裁判发出"开始"信号前或同时就开始发力拉绳，应判犯规。

凡违反以上第二、三、四条，应判严重犯规，在竞赛中，突然撒手或突然松绳再拉者开应判严重犯规。

4. 对违例和犯规的判罚

（1）踏边线，在竞赛中，队员踏边线，第一次不罚，但应立即纠正，同局再出现同类情况，除纠正外，裁判员要做正式记录，以备查。

（2）"抢拉"犯规，凡出现"抢拉"犯规的，本局应重新开始，并做正式记录，如本局第一次"抢拉"犯规的队再次"抢拉"，应判失败一局。

（3）严重犯规，凡出现严重犯规的队，应立即宣判这个队失败一局。

（4）竞赛中，发现上场队员超过规定人数立即停止竞赛，并判超过人数的队失败一局。

（5）本队场外人员，包括啦啦队员，均不得触绳和触及正在竞赛的队员，也不得扶持倒下的队员，否则将判失败一局。

三、两人三足[①]

（一）项目简介

两人三足项目（如图6-4）是由两个人团结协作完成的，两人并排站立，一人

[①]　杨惠恩，兰燕生，时广海. 体育游戏［M］. 北京：北京体育学院出版社，1987.

左腿与另一人右腿的膝盖以下、脚踝以上部分用绳子绑上，比赛从起点处开始出发，至对面标志处折回，返回至起点处，再将绳子解开后，交给下一组队员进行比赛，最后以完成时间长短进行排名。

图 6-4　两人三足

（二）运动价值

拓展训练是一项挑战极限的训练活动，是以磨砺团队、提升行动意愿、振奋士气、严肃态度、消除职业倦怠为目的的训练活动，两人三足游戏是其中的一种，能增进队员之间的了解与合作，激励人的斗志，激发人的潜在能力，创造性地开发团队战斗能力，进行两人三足活动能够促进成员间的交流，锻炼身体，培养团队合作的精神。

（三）场地与器材

1. 场地

比赛场地应为平整场地（建议是体育场的绿色人造草皮），比赛距离为 50 米，终点后必须留有大于 10 米长的地面空间，并且场地宽度大于 10 米，在终点线 5 米处设置安全垫（可以用跳高的垫子），供队员冲刺后进行减速缓冲保护。

2. 器材

（1）绷带（如图 6-5）可为尼龙绳，统一配置。

（2）终点线处的安全垫（可以用跳高用的那种安全垫）。

（3）折返点要放置标志物。

图 6-5 绷带

(四) 基本技术

1. 准备工作

（1）自由组对。

这个游戏首先就是两两组对，在实际比赛中，这个游戏的组对采用学员自由组对更合理有效，学员自己组对的好处就是：两两配合默契，能相互帮助。

（2）绕紧绑踝。

在比赛中经常可以看到绳子松绑的情况，破坏了比赛的节奏，影响了最后成绩，故在准备时，要把绳子紧紧绕住两人并拢的踝关节处，紧紧绕住可以减轻两脚间的摩擦，还可以把两个人的脚固定在一起，这样做不仅可以避免学员受伤，而且避免了两脚配合不协调的情况。

（3）搭肩靠拢。

在比赛前，组对的同学一定要紧紧靠拢，最好是并肩，手臂相互搭在对方肩膀上。在练习中，经常可以看到有些组合，虽然两只脚绑在一起，但身体拉开很大距离，跑起来很不协调。身体并拢、搭肩靠拢可以把学员的身体"合二为一"，增加彼此之间的配合。

2. 训练手段

（1）听音踏步。

刚开始练习时，可以让两两组合好的学员站在原地，教员用"一、二，一、二"的口令帮助他们练习同步性，学员听到口令后，统一以绑住的脚为首先踏步的脚，手臂同时摆起，练习之前，教员要根据各组学员的实际情况帮助他们确定摆腿的高度和步幅。

（2）同上楼梯。

当第一个练习熟练，有了一定的基础后，可以让学员到楼梯上进行强化练习。

首先让学员把绑在一起的腿放在第一级台阶上，再发出口令让学员开始上楼梯练习，很多组合在上楼梯时都能不自觉地找到统一的步调、共同的节奏，说明上楼梯练习对"两人三足"游戏的练习效果十分明显。值得注意的是，该练习只适合上楼梯练习，不适合下楼梯练习，教员千万要注意教学安全。

（3）由走到跑。

当学员之间有了一定的默契配合后，就可以进行跑的配合了。由走到跑的过程可以是直接的，也可以是过渡性的，直接到跑的过程要让学员注意安全，尤其是摔倒后不要急，慢慢爬起来再练，过渡阶段可以由走到跳再到跑，很多组合在走好了以后，都习惯性地过渡到跳的阶段，再过渡到跑的阶段。

3．比赛时刻。

（1）跨好首步

在比赛时，跨好第一步是很关键的，很多组合在比赛时第一步就摔倒了，因为他们有追赶的心理，而这样的心理造成的后果是越急越摔，由此影响了比赛成绩，所以，第一步一定要跨好。第一步最好是先跨出绑住的脚，这样有利于第二步的衔接调整，第一步应该适当跨短一点距离，因为人体是从静止状态开始的，跨出的距离小一点符合身体的运动规律。

（2）向前直线。

很多组合在比赛中只顾拼命往前走，也不管路线是否正确，比赛都有比赛线路，一旦你走歪了，你就必须再走回自己的路线上，这样不仅拉长了自己的行走路线，而且还有可能造成犯规违例。在比赛中，两人应该保持上体正直，眼睛平视前方，脚下协调迈步，两人的摆腿应该是膝关节朝前，千万不能向两边摆动，脚要落在直线距离上。

（3）协同喊号子。

在比赛时，组合之间可以共同喊号子来增加彼此之间的配合，共同的号子可以把两人的节奏拉到一起，也可以把两人的心拧在一起，从而把两人的力使到一块，这样的组合给人的感觉是配合默契、同心同力、团结一致的，喊号子在比赛场上不仅能帮助参赛队员比赛，而且还可以增加比赛气氛，营造良好积极的赛场氛围。

（五）项目规则

（1）把游戏者分成几个小队，保证每一队的人数都是偶数，然后每一队内部两个人一组，把两个人站在一起的内里两只脚绑在一起。

（2）绑绳的位置范围是在膝盖下面、脚踝上面。

（3）每一队的双人组都要把脚上的绳子绑好，才能开始比赛。

（4）参赛者从起点跑到标志处再折回起点处，把手中的接力棒传给下一组，下一组继续进行，最后哪一队用了最少的时间走完，哪一队就胜出。

（5）若参赛者脚上的绳子在比赛过程中脱落了，在哪里脱落就在哪里绑好，然后继续比赛。

（6）起跑员不可超出起跑线起跑，若全队违规三次，取消成绩。

（7）比赛期间，若队员摔倒，可爬起来继续跑，计时表不停。

四、其他游戏①

（一）集体过障碍（如图6-6）

目的：提高兴奋性，培养协作精神。

器材场地准备：跳箱两个，鞍马两个，双杠两架。

方法：把游戏者分成人数相等的甲乙两队，各成一路纵队前后拉手站在起跑线后，教师鸣笛，各队集体前跑，攀过跳箱，钻过鞍马，绕过双杠，再集体返回站好队。以动作快、脱手少和队形齐的一队为优胜。

规则：

（1）每脱手一次扣1分。

（2）如行动路线不符，判作失败。

注意事项：在设备不足的情况下，教师可因地制宜利用自然景物如小树、矮墙、台阶、土坡，或架设简易障碍。要尽可能使两队条件相同，距离相等。如稍有不同，每比赛一次，应交换场地。

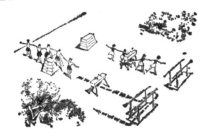

图6-6　集体过障碍

（二）放爆竹

目的：提高兴奋性，集中注意力。

---

①　杨惠恩，兰燕生，时广海. 体育游戏［M］. 北京：北京体育学院出版社，1987.

方法：游戏者以一臂间隔围成一个大圆，游戏引导人站在中间扮作点炮人。游戏开始，引导人口中发出"咝——"的声音，同时按逆（顺）时针方向跑动表示爆竹已经点燃，随后突然停止在任意一个游戏者面前，并以右手指着他。此时被指着的人应马上发出"呼"的声音表示炮已爆炸，其右侧人应立即以左手掩耳发出"叭"的声音表示回声，其左侧人应以右手掩耳同时发出"哎哟"的声音表示吓了一跳。凡动作和声音发出不及时者为失败，应与引导人互换。

规则：

（1）声音动作应同时进行，如脱节判为失败。

（2）被指人发出"呼"，右侧人发出"叭"，左侧人发出"哎哟"，顺序颠倒判为失败。

注意事项：

（1）游戏引导人手势应准确果断。

（2）此游戏适用于课的开始与结束部分。

（三）机警换位

目的：提高反应速度和动作的敏捷性。

方法：

（1）把游戏者分成人数相等的两组，成二列横队面对面站立，间隔8米。另有一人做守卫人，站在两列横队的中间。

（2）游戏开始，队列中的人力图与对面的人相互换位，而不被守卫人发现。守卫人要竭力监视所有企图换位的人，一经发现立即喊出他的名字。被喊出名字的队员与守卫人互换位置和职责，游戏继续进行。

规则：

（1）换位必须双方互换，只有一方换过去，若被守卫人喊出名字，也算被发现。

（2）守卫人发现换位，必须在其换位动作完成之前喊出名字。

（四）抓手指

目的：提高兴奋性，达到放松的目的。

方法：游戏者围成一个圆圈，面向圆心站好，然后把左手张开伸向左侧邻人，把右手食指垂直放到右侧人的掌心上。教师发出"原地踏步走"的口令后，全体踏脚，教师可用"一二一"的口令调整步伐。当发出"一二三"的口令时，左手应设法抓住左侧人的食指，右手应设法逃掉。以抓住次数多者为胜。

规则：

（1）抢口令者抓住无效。

（2）手掌不张开抓住无效。

注意事项：

（1）此游戏适用于课的开始与结束部分。

（2）调整步伐的口令可忽高忽低，"三"的口令可重可轻。

思考题：

1. 什么是团队，高效团队有哪些特征？

2. 如何提高团队素养？

第七章　卫生与救护训练

　　随着社会的进步，生活水平的提高，人们对生活质量、生命质量的期望也不断上升，其中具有显著变化的是对生命质量的需求变化。预测疾病—预防疾病—监控疾病风险—指导健康生活已蔚然成风。大学生作为社会的重要群体，健康问题备受关注。本章将从卫生与救护概述、传染病的防控及常见意外伤害及其处理这三方面展开，对大学生的卫生与救护训练进行详细阐述。

▶▶▶ 第一节　卫生与救护概述

　　健康的身体是奋斗的基础，大学生在学校中要主动了解、掌握卫生与救护的相关知识。了解公共卫生知识，有利于保持健康的生活状态；而了解救护的相关知识，能在意外事故发生时，采取正确的救治措施，这是非常重要的。

一、公共卫生

（一）公共卫生的概念

　　美国"公共卫生之父"查尔斯·温斯洛教授认为，公共卫生是全社会的公私机构、大小社群以及所有个人通过有组织的努力与有根据的选择来预防疾病、延长寿命并促进健康的科学与技术。

国内众多学者认为，公共卫生是通过有组织的社区努力来预防疾病、延长寿命、促进健康的科学和技术。

（二）公共卫生的意义

公共卫生是一个涉及多学科的交叉科学，其涵盖生物学、环境医学、社会文化、行为习惯、政治法律，以及与健康相关的其他许多方面，公共卫生通过对重大疾病与传染病（COVID-19、鼠疫、艾滋病）的日常预防、监控和治疗，来确保人民的生命安全和身体健康，促使每个人都能生活在健康安全的环境里。

▶▶▶ 第二节　传染病的防控

学校是人群高度密集的场所，学生抵抗疾病的能力较弱，加上近年来城市发展迅速，人口流动频繁，传染病很容易在校园内传播和流行。因此，了解校园易发传染病相关知识对于在校大学生具有重要意义。

一、传染病概述

（一）传染病的概念

传染病是一种可以从一个人或其他物种，经过各种途径传染给另一个人或物种的感染症。通常这种疾病可借由直接接触已感染的个体、感染者的体液及排泄物、感染者所污染到的物体传播，也可以通过饮水、食物、空气或其他载体而散布。

（二）传染病的基本特征

1. 具有特异的病原体

每种传染病都由特异的病原体引起，病原体可以是微生物或寄生虫，包括病毒、立克次氏体、细菌、真菌、螺旋体、原虫等。

2. 传染性

传染性是传染病与其他类别疾病的主要区别，传染病意味着病原体能够通过各种途径传染给他人。

3. 流行性

根据传染病流行的强度和广度，可以将传染病分为散发、流行和暴发。散发是指传染病在人群中零星地发生；流行是指某一地区或某一单位，在某一时期内，某种传染病的发病率超过了历年同期的发病水平；大流行是指某种传染病在短时期内迅速传播、蔓延，超过了一般的流行强度；暴发是指某一局部地区或单位，在短期内突然出现众多同一种疾病的病人。

4. 季节性

传染病发病具有季节性，其发病率在某一季节会升高。一般而言与温度、湿度的改变有关。

5. 地方性

某些传染病或寄生虫病，其传播途径受地理条件、气温条件变化的影响，常局限于一定的地理范围内发生。如虫媒传染病、自然疫源性疾病等。

6. 感染后免疫

传染病痊愈后，人体对同一种传染病病原体产生不感受性，称为免疫。

（三）常见的多发性传染病的传播途径

传染病的传播和流行必须具备三个环节，即传染源（能排出病原体的人或动物）、传播途径（病原体传染他人的途径）及易感者（对该种传染病无免疫力者）。常见的多发性传染病其传播途径主要有以下几种：

1. 空气传染

有一些传染病的病原体在空气中可以自由散布，直径通常为 5 微米，能够长时间浮游于空气中，可长距离地移动，主要借由呼吸系统感染，或借助飞沫传播。

2. 飞沫传染

飞沫传染是许传感染病的传播途径，当患者咳嗽、打喷嚏、说话时，喷出温暖而潮湿之液滴，病原体附着其上，随空气流动而飘散飘浮，被另一位宿主因呼吸、张口或偶然碰触而黏附，造成新的宿主受到感染。例如：细菌性脑膜炎、水痘、普通感冒、流行性感冒、腮腺炎、肺结核、麻疹、德国麻疹、百日咳等。

3. 粪口传染

指未处理的废水或受病原体污染的物体，直接排放于环境中，可能污损饮水，食物或碰触口、鼻黏膜之器具，以及如厕后清洁不完全，借由饮食过程可导致食入者感染，主要病原体有病毒、细菌、寄生虫，常见传染病包括霍乱、A 型肝炎、脊髓灰质炎等。

4．接触传染

经由直接碰触而传染的方式称为接触传染。这类疾病除了直接触摸、亲吻患者，也可以通过共享牙刷、毛巾、刮胡刀、餐具、衣物等贴身物品，在环境留下病原体而达到传播的目的。性传染疾病也属于接触传染的一种。

5．垂直传染

垂直感染专指胎儿由母体得到的疾病，这种传染的病原体以病毒和小型寄生虫为主，可以经由血液输送，或是具备穿过组织或细胞的能力，如 AIDS 和 B 型肝炎等。

6．血液传染

主要是指通过血液、伤口感染的方式，将疾病传递至另一个个体身上。常见于医疗注射器材消毒不严、输血未按规范操作等情况。

（四）预防与处理

针对传染病流行性和传染性的特点，传染病防治必须以预防为主，在疫情尚未发生或尚未流行时，做好一般性预防措施，疫情发生以后做好防疫措施。

1．一般性预防措施

（1）对可能存在病原体的外部环境加强管理。包括改善饮用水条件，对饮用水进行消毒；结合城乡建设，搞好粪便无害化、污水排放和垃圾处理等工作。

（2）预防接种。又称人工免疫，是将生物制品接种到人体内，使机体产生对传染病的特异性免疫力，以提高人群免疫水平，预防传染病的发生与流行。

2．防疫措施

（1）管好传染源。在疫情发生的第一时间管理好传染源，包括对传染病人、病原体携带者、密切接触者以及动物传染源等进行妥善安排。

（2）切断传播途径。就传染病来说，切断传播途径是起主导作用的预防措施，但因各种传染病传播途径不同，采取的措施也不一样。如对呼吸道传染病，重点是空气消毒、通风换气、个人防护（如戴口罩）等；对虫媒传染病，应以杀虫防虫为主。某些传染病（如血吸虫病），由于传播因素复杂，应采取综合性措施才能切断其传播途径。

（3）保护易感人群。保护易感人群的措施主要有预防接种，提高人群免疫力，给高危人群服用预防性药物等。

二、校园常见传染病

（一）我国对传染病的分类管理

《中华人民共和国传染病防治法》根据传染病的危害程度和应采取的监督、监测、管理措施，将传染病分为甲、乙、丙三类，实行分类管理。

1. 甲类传染病

也称强制管理传染病，包括鼠疫和霍乱等。此类传染病发生时，要及时对病人、病原携带者进行隔离，对疫点、疫区进行重点防控。

2. 乙类传染病

又称为严格管理传染病，包括病毒性肝炎、细菌性和阿米巴痢疾、伤寒和副伤寒、艾滋病、淋病、梅毒、脊髓灰质炎、麻疹、百日咳、白喉、流行性脑脊髓膜炎、猩红热、流行性出血热、狂犬病、钩端螺旋体病、布鲁菌病、炭疽、流行性和地方性斑疹伤寒、流行性乙型脑炎、黑热病、疟疾、登革热等。

3. 丙类传染病

又称为监测管理传染病，包括肺结核、血吸虫病、丝虫病、包虫病、麻风病、流行性感冒、流行性腮腺炎、风疹、急性出血性结膜炎，以及除霍乱、痢疾、伤寒和副伤寒以外的感染性腹泻病等。

（二）校园传染病的特点

与社会上常见的传染病相比，校园传染病有以下几个特点。

1. 人群集中、接触密切，易感性高

学校是社会上一个特殊的公共场所，学生从四面八方会集到学校，可能把传染病带入学校，相互间接触密切，加之卫生设备、卫生制度不健全和卫生习惯不良等，使传染病极易发生和流行，甚至是暴发。

2. 季节性

学校传染病具有明显的季节性，呼吸道传染病在冬春季多发，肠道传染病在夏秋季多发。学校传染病的发生流行与寒暑假有密切关系，寒暑假学生走亲访友、旅游等活动增多，可能将外地的传染病带到本地和学校，在学校中造出传播，引起社会上更广泛的传播。

（三）校园常见传染病及其预防

针对常见的校园传染病，要在了解其传播途径和临床表现的基础上，加强预防

和治疗。

1. 流行性感冒

流行性感冒简称流感，是由流感病毒引起的一种急性呼吸道传染病，传染性强，发病率高，容易引起暴发流行或大流行。

（1）传播途径。流感主要通过空气飞沫传播，也可通过口腔、鼻腔、眼睛等处黏膜直接或间接接触传播。接触患者的呼吸道分泌物、体液和病毒污染的物品也可能引起感染。

（2）临床表现。流感的潜伏期一般为1～7天，多数为2～4天。经常突然发病，畏寒高热，体温可达39 ℃～40 ℃，多伴有头痛、咽喉痛、干咳、全身肌肉关节酸痛、极度乏力、食欲减退等全身症状，可有鼻塞、流涕、胸骨不适等。

（3）预防。一是保持良好的个人卫生习惯，经常用肥皂和流水洗手；二是咳嗽或打喷嚏时应用纸巾遮住口鼻，避免接触禽类（家禽、野禽）、牲畜等易于携带禽流感病毒的动物，一旦接触过禽鸟或禽鸟粪便，要立刻用肥皂和清水彻底清洁双手；三是居住环境及学习场所经常开窗通风；四是加强体育锻炼，注意膳食营养，提高自身免疫力；五是减少或避免前往人群稠密场所。

2. 肺结核

肺结核是由结核分枝杆菌引发的肺部感染性疾病，是严重威胁人类健康的疾病。

（1）传播途径。结核菌主要通过呼吸道传染，活动性肺结核患者咳嗽、打喷嚏或大声说话时，会形成以单个结核菌为核心的飞沫悬浮于空气中，从而感染新的宿主。此外，患者咳嗽排出的结核菌干燥后附着在尘土上，形成带菌尘埃，亦可侵入人体而形成感染。

（2）临床表现。肺结核的临床表现主要有午后低热、干咳、咯血、潮热、盗汗、胸痛、气短、消瘦、乏力等。

（3）预防。首先，要养成良好的生活习惯，不随地吐痰；经过工地或打扫卫生等扬尘环境时，应绕道走或者掩住口鼻；咳嗽时最好用手绢捂住嘴；房间要经常通风换气，保持空气新鲜；经常进行户外活动，增强体质；不抽烟、不酗酒，保证有充足睡眠；膳食营养合理；勤洗澡、勤换衣。其次，控制传染源，切断传染途径。应减少与病人接触，探视病人时要戴口罩；病人的日用品要消毒，室内用紫外线照射，餐具应煮沸，被褥在烈日下暴晒。再次，重视糖尿病患者。糖尿病患者由于体内代谢紊乱，身体抗病能力减低，其肺结核发生率比非糖尿病患者高2～4倍。

3. 麻疹

麻疹是由麻疹病毒引起的急性呼吸道传染病，传染性极强，人类是唯一宿主。

（1）传播途径。麻疹病人是唯一的传染源，主要通过飞沫直接传播。

（2）临床表现。发热，咳嗽，流涕，眼结膜充血，口腔黏膜处出现周围有红晕的灰白色小点。

（3）预防。提高人群免疫力是预防麻疹的关键，故对易感人群实施计划免疫十分重要。如发现麻疹病人，则应采取综合措施防止传播和流行。一是隔离传染源，可嘱咐病人到传染病医院进行住院治疗，在家隔离治疗时应尽量减少与他人接触。二是切断传播途径，对室内环境进行消毒，经常开窗通风。三是保护易感人群，接种疫苗是预防麻疹最有效的措施。

4．艾滋病

艾滋病，即获得性免疫缺陷综合征（AIDS），是指因为感染了人类免疫缺陷病毒（HIV）而导致免疫缺陷，并发一系列疾病及肿瘤，严重者可导致死亡的综合征。

（1）传播途径。艾滋病的传播主要有四种方式：一是性行为，即与已感染的伴侣发生无保护措施的性行为，包括同性、异性的性接触。二是静脉注射吸毒，即与他人共用被感染者使用过的、未经消毒的注射工具，这是一种非常重要的HIV传播途径。三是母婴传播，即在怀孕、生产和母乳喂养过程中，感染HIV的母亲可能将病毒传播给胎儿及婴儿。四是血液及血制品传播。握手、拥抱、礼节性亲吻、同吃同饮、共用厕所和浴室、共用办公室等日常生活接触不会传播HIV。

（2）临床表现。我国将HIV感染分为急性期、无症状期和艾滋病期。

急性期：通常发生在初次感染HIV后2～4周。临床主要表现为发热、咽痛、恶心、呕吐、腹泻、皮疹、关节痛、淋巴结肿大及神经系统症状。多数患者临床症状轻微，持续1～3周后缓解。

无症状期：可从急性期进入此期，或无明显的急性期症状而直接进入此期。此期持续时间一般为6～8年，但也有快速进展和长期不进展者。

艾滋病期：为感染HIV后的最终阶段，此期主要临床表现为HIV相关症状、各种机会性感染及肿瘤。

（3）预防。一是洁身自爱，不乱性；二是正确使用避孕套；三是不与他人共用剃须刀、牙刷等个人用品；四是不使用未消毒的器械进行穿耳、文眉；五是严禁吸毒；六是使用经严格消毒的注射器及检查、治疗器械；七是输血时使用经艾滋病病毒抗体检测合格的血液。

小贴士：拨打"120"急救电话4个注意

（1）语言精练、准确、清晰。

（2）内容详尽。

（3）对地点、电话号码再次进行确认。

（4）询问可否挂断电话，或者等对方先挂断电话。

▶▶▶ 第三节　常见意外伤害及其处理

在日常生活当中，意外伤害时有发生，在遭遇意外伤害事故的情况下，人们不仅有责任救助伤员，而且有时也需要自救或互救。学习意外伤害事故的现场急救知识，以备万一发生严重事故时进行自救或互救，对于提高应急处置能力、避免或减少伤亡起着重要作用。

一、现场急救的原则

（1）先救命后治伤：指同时遇到心跳呼吸骤停和外伤骨折的病人时，应先采用心肺复苏术抢救心跳呼吸骤停的病人，再对外伤骨折的病人进行骨折固定。

（2）先止血后包扎：指遇到有伤员存在出血状况时，需要先进行止血，再进行伤口包扎。

（3）先危重后轻缓：指同时遇到危重病人和病情较轻的病人时，应先救助危重病人，再对病情较轻的病人进行施救。

（4）先救治后转送：指对任何危重伤员，都需要先进行救治，待病情稳定后，再进行转送。

（5）急救勿忘呼救：指遇到较重的伤病员或多位伤病员时，一定要在急救的同时尽快取得专业急救人员的帮助。

（6）搬运兼顾医护：指在转送伤病员时，在转运途中要时刻注意伤病员的病情变化，及时处理。

二、现场急救的步骤

（一）对伤情的判断

1. 对死亡的判断

在处置伤病员之前，首先要了解伤病员的情况，观察病人的异常变化，以此为根据来进行处置。现场情况紧急，不允许像在医院中对病人检查那样全面、细致，但是重要的症状、体征，绝不能疏忽遗漏。

心脏跳动。心脏跳动是生命存在的征象。正常人每分钟心跳为 60~80 次。有严重的创伤、大量失血的伤病人，心跳增快，但力量较弱，脉搏细而快；当病人死亡后，心脏停止跳动。

呼吸。呼吸也是生命存在的征象之一。正常人每分钟呼吸为 16~18 次，且呼吸均匀。垂危伤病员的呼吸多变快、变浅而不规则；当伤病员陷入濒死状态，呼吸变缓慢、不规则直到呼吸停止而死亡。

一般是以观察伤病员的胸廓有无起伏来判断呼吸次数和节律等情况，但在呼吸极弱的情况下，往往看不到其胸部的起伏，可将手放在伤病员的口鼻处或置一小撮棉絮于鼻孔处以判断其有无呼吸存在。

瞳孔。两眼的瞳孔，正常时大小是等同的，遇到光线刺激能迅速作出缩瞳反应。当人受到严重的伤害后，两眼瞳孔可能不一般大，可能缩小或放大；用强光刺激，瞳孔不收缩或收缩迟缓。当其瞳孔逐渐放大、固定不动、对光反应消失时，伤病员多已死亡。因此，伤病员死亡的基本特征是心脏停止跳动、呼吸停止、瞳孔散大而固定。

2. 对严重伤情的判断

正确的急救处置，有赖于准确判断伤情是否严重。现场判断伤势情况，一般应掌握以下几个方面。

（1）根据呼吸、神志和脉搏判断伤势。因为呼吸、神志和脉搏是人生命存亡的三项重要体征，现场急救时应迅速掌握。

呼吸器官是否正常：靠近伤员面部，耳听呼吸，了解其呼吸是否正常、有无窒息。如发现伤者口唇苍白或出现紫色，通气不利，呼吸困难，表明机体内已陷于缺氧状态。这种情况，随时可能会出现窒息或呼吸和血液循环骤停。

用手触摸伤员的手动脉或者颈动脉：如发现脉搏快速细弱，或脉搏不清，表明伤者已经或即将陷入休克，并预示生命将受到严重威胁。

直接询问伤员，了解神志是否清醒：如果伤者意识丧失，神志昏迷，如瞳孔散大，肢体出现痉挛性抽搐，表明颅内压增高，有脑血管或脑实质损伤；如果伤员神志淡漠，面色苍白，身出冷汗，手足冰凉，并且脉搏细快，表明有严重的内出血，随时可能陷入休克。

（2）根据出血多少来判断伤情是否严重。主要从以下两个方面来判断：如果伤口有急剧的或喷射状出血，并且伤口靠近人体"动脉外伤点"，表明大动脉破损无疑。动脉破损出血量大，失血迅速，会在短时间内危及性命，必须选择有利的止血点，立即采取止血措施。

如果伤口仅有暗红色血液流出，出血并不急剧，表明静脉血管破损。或者虽然出血并不严重，但脉搏情况却很差，弱而不清，不能排除严重内出血的可能性。

（3）根据受伤部位判断伤势是否严重。主要看头部、颈部、胸部、四肢等部位的伤势。头部受创严重，除观察其呼吸、神志和脉搏变化外，还应检查瞳孔及耳、鼻、口腔，判断有无颅内损伤。如出现意识丧失，并且瞳孔散大，表明有颅脑损伤；如耳、鼻、口内有血液和脑脊液流出，表明有颅底骨折。

颈部损伤，如颈部疼痛不能活动，有可能颈椎骨折或脱位，有的同时出现上下肢瘫痪，痛感消失，呼吸困难，表明脊髓已受损伤。

伤者的胸部出现浮动胸壁，呼吸时两侧胸廓运动不对称，可判断有肋骨骨折，并且不能排除胸内脏器损伤。

伤者的腹部出现广泛的腹痛，腹壁紧张并有明显压痛，可判明有腹内脏器损伤。在没有外出血的情况下发生休克，不能排除腹腔内大出血的可能性。

伤者四肢变形，局部疼痛，并不能自主运动，判断有骨折或关节脱位。

（二）现场紧急救护

在遇意外事故时，必须尽量保持镇静，首先要对对生命威胁最严重的大出血，呼吸停止，或中毒引起的休克和可能导致心、肺及其他器官功能失常的伤病者实施现场急救。在急救时要做到：

（1）除非十分必要，注意应减少或不要搬动伤员，因为伤员如果是内伤或脊椎骨折的话，不必要的搬动可能致死或致残。

（2）保持呼吸道畅通。清除伤者口、鼻、咽喉部的异物。在伤者陷入昏迷情况下，可用手指将咽喉部的异物，如血块、黏痰等抠出，必要时可以用口吸。深度昏迷的伤员，其舌位常向后坠（后缩），阻塞咽喉部。如果伤者颈椎没有被损伤，可用手将其颈部略微托起，使头尽量后仰，必要时，另一手可轻压其上颈部，使其呼吸道开放，然后，采取清除口、鼻、咽喉的异物措施，实施现场急救；如怀疑或确认伤员的颈椎同时被损伤，造成深度昏迷，对此情况急救处置时，不要搬动颈部，可以让伤员仰卧，用手抬起其下颌骨（手抬下巴），使伤员的下齿错位在上齿列前方，以保持其呼吸道的开放。现场急救，对其口、鼻、咽喉部异物清除后，如果伤员已暂停呼吸，应立即进行人工呼吸。

（3）如伤者严重出血，吞服毒品，或由于溺水、煤气中毒、触电等而导致呼吸停止，要争分夺秒立即抢救。

（4）尽快与医院或急救中心取得联系，或直接找车送往医院。

三、触电

电的使用给人们带来了很多便利，但如果不规范用电，则存在巨大的隐患。学校用电安全教育，一直都是学生工作的重要组成部分。但因用电导致的事故仍然广泛存在。

1. 原因

随着国民经济的高速发展，工农业生产电气化程度的提高，人民物质文化生活的改善，使用电气的范围越来越广泛。触电伤亡的发生率越来越高，直接影响了人们的生命安全。

触电伤亡的主要原因是很多工矿企业没有电气安全工作的规程与制度，或有规程制度而没有严格执行。其次是电气设备有缺陷或安装不合规定，又未及时消除，如电线破旧，绝缘不好，漏电、断电等。再次是缺乏电气常识。

另外，触电后的急救处理方法不当，较普遍的是进行人工呼吸法的时间太短，有的甚至不进行人工呼吸急救，而注射大量的不适当的强心剂，因而触电伤亡率较高。

2. 表现

触电后可引起昏迷和死亡。其主要病理变化是心室颤动及呼吸麻痹（或呼吸中枢衰竭）。

3. 自救与救助

若发现有人触电后，应立即将触电者脱离电源。脱离电源的方法有：

（1）切断电源，如拉开刀闸、保险盒等。

（2）找不到开关时，应就近找一些绝缘物品，如干燥的竹竿、木棍、扁担、擀面杖、塑料棒等，用力将电线从触电者身上挑开，还可用绝缘的老虎钳将电线剪断。

（3）如不能将电流切断，则穿上胶鞋用干竹竿或干木棍等绝缘物件将伤者与电源分开，也可站在干木板或干木凳上拉住触电者的干衣服，使其脱离电源。

以上3种方法以最快者为先，触电者未脱离电源之前，救护者切不可用手拉触电者的肉体，以免触电。

触电后引起的昏迷和死亡的主要病理变化是心室颤动及呼吸麻痹（或呼吸中枢衰竭）。因此，最有效的急救处理是人工呼吸法。具体做法是：触电者脱离电源后，立即将其抬到通风较好的地方，解开衣扣，裤带，保持呼吸通畅。必须争分夺秒地进行人工呼吸和胸外心脏按压。胸外心脏按压前可用拳头稍用力捶心前区 2～4 次，有时心跳可因此恢复。抢救往往要坚持数十分钟，在抢救同时，应及时向当地医疗急救部门或附近医院求救。如有可能，可给触电者吸入氧气。需妥善处理局部伤口，最好用凡士林纱布或盐水纱布包扎，也可用清洁布块包扎，并及时就医。人工呼吸要持续不断地进行，直到触电者恢复正常的自动呼吸或确定已经死亡（如出现尸斑）时为止，一般约需 4 小时，在使用其他急救办法的同时也不应放弃人工呼吸法。

进行人工呼吸的同时，也可以采取机械方法如用氧气口罩或氧气袋施以压力，吸入氧气或氧气和含 7％二氧化碳的混合气。这对恢复正常呼吸功能有很大的帮助。

急救药品可酌情应用适量的呼吸中枢兴奋剂如尼克刹米（可拉明）。肾上腺素等刺激性药物会使心室颤动更加恶化，所以对触电者严禁使用。其他强心剂如洋地黄、安钠咖、维他康夫等亦不宜使用。

4. 预防

为了保护人身安全，防止触电事故的发生及降低触电死亡率，必须从预防触电和触电后的正确急救两方面着手。

（1）学校贯彻执行有关电气安全工作规程与制度，并进行电气安全教育，让学生意识到电气安全其中的利害性。

（2）学校应该每周对电气设备进行一次抽查，对于容易接触和经常使用的电气设备如电风扇、吹风机、电熨斗、电线等，更要经常进行违规电器的排查，并采用一些必要的强制措施。

（3）学校还可以进行用电安全与触电急救常识的宣传教育工作。通过各种标语、图画、照片等通俗生动的宣传资料，利用各种形式和方法如电台、报纸、刊物、电影、幻灯、展览会、科学讲座等进行宣传，普及电气知识。

四、中暑

（一）中暑的概述

1. 中暑的概念

中暑是指在温度或湿度较高、不透风的环境下，因体温调节中枢功能障碍或汗腺功能衰竭，以及水、电解质丢失过多，从而发生的以中枢神经或心血管功能障碍为主要表现的急性疾病。

2. 中暑的病因

大气温度升高（>32 ℃）、湿度较大（>60％）、对高热环境不能充分适应及工作时间长、剧烈运动或训练，又无充分防暑降温措施时，极易发生中暑。此外，在室温较高而无空调时，肥胖、营养不良、年老体弱和慢性病患者更易发生中暑。据统计，心肌梗死、脑卒中等疾病可使中暑发生率增加 10 倍。

（1）环境温度过高。

温度大于 32 ℃，湿度大于 60％，且为无风环境。处于此环境的人群若伴有体弱多病，且体温调节中枢出现障碍，则容易吸收热量过多而中暑。

（2）产热增加。

在夏天进行重体力劳动，或患有发热疾病、甲状腺功能亢进症和应用某些药物（如苯丙胺）时，会使产热增加。

（3）散热障碍。

环境：如湿度大、穿透气不良的衣服或无风天气等。

出汗减少：汗腺损伤或者缺乏，比如皮肤烧伤瘢痕部位、汗腺缺乏症等。

中枢神经系统或者心血管功能异常：如长期饮酒者、老年人、心功能障碍者等。

药物：如抗胆碱能药和抗组胺药，其会影响发汗，阻碍散热。

3．中暑的类型

根据发病机制，中暑可以分为以下四种情况。

（1）热痉挛。

在高温环境中，因出汗过多，体内丢失大量的矿物质，引起肌肉、神经兴奋性提高，常见的有对称腓肠肌痉挛。患者体温正常，由于失水，可有血压下降。

（2）热衰竭。

由于高热引起外周血管扩张，但不伴有内脏血管收缩，流经皮肤、肌肉的血流量大大增加；大量出汗，水分、盐分大量丢失，引起血液浓缩及黏稠度增加；肌糖原代谢增强，使肌细胞内形成高渗状态，水分进入细胞内。这些均可使有效循环量明显减少，致发生低血容量性休克。机体为了促进散热，心输出量大大增加，使心血管系统的负荷加重，导致心脏功能不全，周围环境衰竭和脑部供血不足。

（3）日热射。

由于日光长时间照射头部，红、紫外线穿透颅骨而引起脑膜充血和脑组织损伤。患者表现为呼吸和循环衰竭现象：体温正常或稍高，血压下降，无汗，面色潮红，脑部温度可达 40 ℃～42 ℃，头晕、头痛、呕吐，或突然晕倒。

（4）高热中暑。

由于长时间在高温、高热或不通风的环境中工作或从事体育锻炼，机体温度调节出现障碍，散热困难，引起体内热量积蓄过多。其实质是由于汗出不来，造成体温升高，引起头晕、头痛、呕吐、皮肤灼热。严重者可出现精神失常、虚脱、抽搐、心律失常、血压下降，甚至昏迷而危及生命。

（二）预防中暑

在炎热的夏天进行运动时，应穿浅色、单薄、宽敞的衣服，并应准备解热消暑的冷饮料，如 0.1％～0.2％的盐开水等；室内运动时要注意通风；烈日下锻炼要戴白色凉帽保护头部；夏季运动锻炼的时间不宜太长，应有适当的休息时间；运动量大的项目（如长跑）应放在上午或傍晚进行。此外，平时要坚持在较热的环境中锻炼，逐步提高身体的内热能力。

（三）现场急救

1. 急救步骤

一移。迅速将病人移至阴凉、通风的地方，同时垫高头部，解开衣裤，以利呼吸和散热。

二敷。可用冷水毛巾敷头部，或将冰袋、冰块置于病人头部、腋窝、大腿根部等处。

三促。将病人置于 4 ℃～18 ℃水中，并按摩四肢皮肤，使皮肤血管扩张，加速血液循环，促进散热。待肛门温度降至 38 ℃，可停止降温。

四浸。将患者躯体呈 45 度角浸在 18 ℃左右井水中，以浸没乳头为度。老年人、体弱者和心血管病患者，水温不能过低。

五擦。4 人同时用毛巾擦浸在水中的患者身体四周，把皮肤擦红，一般擦 15 分钟至 30 分钟，即可把体温降至 37 ℃～38 ℃，大脑未受严重损害者多能迅速清醒。

六服。取十滴水 2～3 滴，加适量温水灌服，或内服仁丹两三粒，也可起到作用。

2. 一般中暑的处理

给患者降温。应尽快将患者移至清凉的地方。用凉的湿毛巾敷前额和躯干，或用湿的大毛巾、床单等将患者包起来。用电风扇、有凉风的电吹风或扇子为其降温。注意：不要用酒精擦拭患者身体，不要让患者进食或喝水。

3. 处理严重中暑的急救措施

（1）将患者移至清凉处。

（2）让患者躺下或坐下，并抬高下肢。

（3）降温。用凉的湿毛巾敷患者前额和躯干，或用大的湿毛巾、湿的床单等把患者包起来。用电风扇、有凉风的电吹风等促患者降温。注意：不要用酒精擦拭患者的身体。

（4）让神志清醒的患者喝清凉的饮料；如果患者神志清醒、呼吸及吞咽均无困难，可以让他喝盐水（每100毫升加盐0.9克）。注意：不要让患者喝酒或咖啡。

（5）如果患者病情无好转，应送医院急救。

五、骨折

体育运动是在人类发展过程中逐步开展起来的有意识地对自己身体素质进行培养的各种活动，其内容丰富，有田径、球类、游泳、武术等多种项目。体育运动对人的体质与品质发展都有重要的作用，同时也存在着风险，运动伤害事故（尤其是运动性损伤）偶有发生，成为学校教育过程中的不安全因素，给学生心理、生理带来了巨大的伤害。其中，骨折就是校园常见的一种运动意外伤害。当我们在安全防范学习的基础上，仍旧无法避免一些意外的产生，这时，应急的措施就显得格外重要。

（一）骨折的概述

骨的完整性遭到破坏称为骨折。根据骨折处是否与外界相通，又可分为开放性骨折和闭合性骨折。根据骨折的程度，又可分为完全骨折和不完全骨折。

（1）原因：运动中身体某部位受到直接或间接暴力撞击。如踢足球时，小腿被踢造成胫骨骨折。

（2）症状：伤处剧烈疼痛，活动时加剧，局部肿胀，皮下淤血，功能丧失，肌肉痉挛，骨折部位发生变形，伤肢变短或成畸形。严重骨折时常伴有出血和神经损伤，甚至可导致休克。

（二）应急处理

如果出现休克时，应先抗休克。让伤者安静平卧，注意保暖，必要时进行人工呼吸，用拇指的指尖掐或针刺人中、涌泉、百合、十宣等穴位。如果伴有伤口出血，则应立即止血包扎伤口。骨折后不要移动伤肢，应用夹板就地固定，夹板的长宽要合适，其长度必须超过骨折部约上下两个关节。没有夹板时可用树枝等代替或将伤肢固定于伤者身上。夹板与皮肤间应垫软物，固定的松紧要合适、牢靠。开放性骨折，外露的骨端不要放回伤口内，以免造成深部感染，固定伤肢后及时将伤者送医院治疗。

（三）骨折的包扎法

（1）绷带包扎法。

①环形包扎法：包扎时将绷带带头斜放于包扎处，用一手拇指压住，将卷带环绕包扎一圈后，再将斜放的带头一个小角反折过来，然后继续环绕包扎，后一圈覆盖前一圈，包扎 3～4 圈即可。（图 7-1）

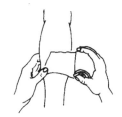

图 7-1　环形包扎法

②螺旋形包扎法：包扎时以环形包扎法开始，然后将卷带向上斜行缠绕，后一圈盖前一圈 1/2 到 2/3 即可。（图 7-2）

③反折螺旋形包扎法：此法适用于包扎前臂、大腿和小腿等肢体粗细差别较大的部位。包扎时从环形包扎法开始，然后用一拇指压住卷带上缘，将其上缘反折（注意要避开伤处）并压住前一圈的 1/2 到 2/3，每圈的折线应互相平行。（图 7-3）

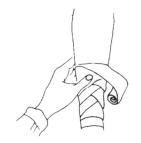

图 7-2　螺旋形包扎法　　　　图 7-3　反折螺旋形包扎法

④"8"字形包扎法：适用于包扎关节部位。有如下两种方法。

a. 从关节中心开始"8"字形包扎法。

先做环形包扎，然后将卷带斜行缠绕，一圈绕关节的上方，一圈绕关节的下方，两圈在关节凹面交叉，反复进行，逐渐远离关节。包扎时每圈压住前一圈的 1/2 到 2/3，最后在关节的上方或下方以环形包扎结束。（图 7-4）

b. 从关节下方开始"8"字形包扎法。

先做环形包扎，然后将卷带自下而上、自上而下来回做"8"字形缠绕并逐渐靠拢关节，最后以环形包扎结束。（图 7-5）

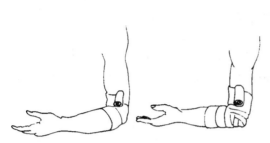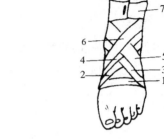

图7-4　从关节中心开始"8"字形包扎法　　图7-5　从关节下方开始"8"字形包扎法

（2）三角巾包扎法。以三角巾三角形命名。有顶角、底角、斜边和底边等名称。（图7-6）

①手部包扎法：三角巾平铺，伤手手掌向下，指尖对三角巾的顶角，平放在三角巾的中央，底边横放于腕部，然后将三角巾的顶角向上反折，再将两底向手腕背部交叉围绕一圈，在腕背打结。（图7-7）

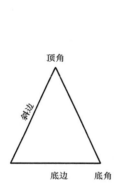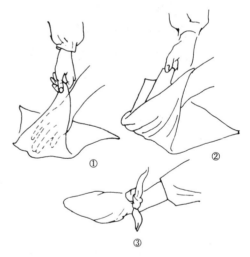

图7-6　三角巾包扎法　　　　　图7-7　手部包扎法

②足部包扎法：与手部包扎法基本相同。

③头部包扎法：将三角巾的底边置于前额，顶角朝向头后正下，然后将底边从前额绕至头后，在枕后交叉再绕至前额打结，最后把顶角拉紧并向上翻转固定。（图7-8）

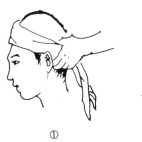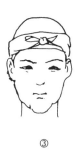

①　　　　　　②　　　　　　③　　　　　　④

图 7-8　头部包扎法

④大悬臂带：此法适用于除肱骨与锁骨骨折以外的上肢损伤。将三角巾顶角放在伤肢的肘后，一底角置于健侧的肩上，肘关节屈曲，前臂放在三角巾的中央，将下方的底角上折，包住前臂，在颈后与上方底角打结，最后把肘后的顶角折向前面，用橡皮膏或别针固定。（图 7-9）

⑤小悬臂带：此法适用于上臂骨折。将三角巾叠成四横指宽的宽带，其中央置于伤肢前臂的下 1/3 处，两端在颈后打结。（图 7-10）

图 7-9　大悬臂带　　　　　　　图 7-10　小悬臂带

六、关节脱位

由于外力的作用使关节之间失去正常的联系称关节脱位，俗称脱臼。根据脱位的程度，可分为完全脱位和半脱位，前者关节面完全脱离原来位置，后者关节面仅部分错位。

原因：大多数是间接外力所致，如摔倒时用手掌撑地，引起肘关节或肩关节脱位。

症状：受伤关节剧烈疼痛、压痛、关节肿胀，失去正常活动功能；受伤肢体出现畸形；与健侧肢体比较不对称。

处理：首先冷敷或喷氯乙烷，然后用夹板跟绷带、三角巾固定伤肢，最后尽快送医院，争取早期复位。

七、心跳、呼吸骤停

当伤员遭到严重的创伤或中毒后，发生意外心跳、呼吸骤停，使生命处于濒死状态，是死亡真正来临前生命最后发出的危险信号。心跳、呼吸骤停，并非死亡，在心跳、呼吸骤停后约 4 分钟左右时间里，如不采取急救措施，6 分钟过后，伤员则难以复苏。在短短几分钟内，为争取生命复苏的宝贵时间，所应采用的紧急复苏方法如下：

（1）拳头叩击法。当伤员心跳停止后，立即用拳头连续叩击其心前区，以期引起心脏恢复跳动。心跳是否停止通常不易确定，心跳细弱至完全停跳，两者之间并没有明显的界限。在判断伤员心跳是否停止时，如脉搏微弱、细数不清或呼吸停止，伴有神志消失者，均应按心跳停止作紧急处理。即便心脏仍在微弱跳动，用拳叩击，对跳动的心脏也不会有什么损害，而且有助于心脏的排血功能。

（2）心脏按压法。一旦发现心跳停止，使伤员平卧（仰卧）后，用拳以中等力量连续叩击其心前区 3～5 次，并注意观察心跳情况。若叩击后心跳恢复，则表示复苏成功；如果叩击后心跳仍未恢复，不要再叩击，而应立即改用胸外心脏按压法。胸外心脏按压，又称体外心脏按压，是通过压迫胸骨，使心脏排出血液，使胸腔内血液参与循环，以恢复自主心跳。

进行胸外心脏按压急救时，两手重叠，将一手掌根置于其胸骨的中下段（不能按压胸窝及剑突部位），然后有节律地冲击式地垂直向下按压（不是轻柔缓慢地按压）。按压速度应为每分钟 60～80 次，每次按压的时间应稍长于松压的时间。胸外心脏按压应随时观察伤员的变化。按压后如伤员出现瞳孔缩小、睫毛反射、自主呼吸，均为复苏的好现象。心跳恢复，动脉搏动，并不意味着复苏成功，仍不能停止按压，要直至出现活动，即神志清醒为止。

胸外按压急救注意事项：

第一，伤员有严重损伤、肋骨骨折、血胸、张力性气胸、心包填塞等症状时，应禁用胸外按压，以免加重损伤。

第二，按压开始时，不要用力过猛，最初 1～3 次用力应略小一些，避免用力过猛造成胸廓损伤。特别需要提醒的是，施行胸外心脏按压的同时，一定要配合进行人工呼吸。人工呼吸是以口对口吹气或反复扩展和压缩伤员的胸廓，弥补缺氧，为自主呼吸创造条件。在现场急救时，当伤员心脏恢复跳动但不能自主呼吸时，仍不能保证伤员的存活，这时还要继续进行胸外按压和人工呼吸。胸外按压与人工呼吸有两种交替急救法：一是先做胸外心脏按压 10～15 秒，再做人工呼吸，如此交替进行；二是做了 3～5 次胸外按压，再进行一次人工呼吸，如此交替进行。

（3）人工呼吸的方法。急救时，进行人工呼吸复苏的方法有：口对口吹气法、口对鼻吹气法、加压人工呼吸法。

口对口吹气法。口对口吹气是一种简便的人工呼吸方法，容易掌握，便于实施。操作前注意清除伤员口腔内阻塞上呼吸道的异物。操作时，一手将伤员下颌托起，使其头向后仰，呼吸道拉直，口腔张开，另一手捏住伤员鼻孔，以防止气体从鼻孔漏出，然后深吸一口气，用嘴对准伤员的口唇用力吹气。吹完后，立即松开鼻孔，让病人把肺内的气"呼"出。一般每 3～4 秒钟进行一次为宜，然后跟随按压胸部。

口对鼻吹气法。口对鼻吹气是在伤员唇部或口腔损伤时运用。吹气时将捏住鼻孔的手改按口唇，然后用嘴含紧伤员鼻孔用力吹气，节律与口对口吹气相同。不管是口对口吹气还是口对鼻吹气，二者的每次吹气量不宜过多，吹气时间也不要过长，应以一次正常呼吸周期的 1/3 为宜。

加压人工呼吸法。加压人工呼吸急救是在遇伤员面额严重损伤，且不便于对口、鼻做人工呼吸时，则用加压人工呼吸的急救法来补救机体缺氧。操作时让伤员平卧、头后仰，抢救者位于伤员头上侧，将其两臂向前抬起，然后向内收，同时用力推压伤员两胸壁，使其肺内气体排出。接着再抬起其两臂，如此反复进行，直至伤员出现胸廓自主扩张为止，然后立即转送医院。在转送搬运时，最好让伤员保持平卧，使下体略高于上体，伤员的头、颈部不要前屈或侧弯，也不要下垂或抬得过高。

第八章　消防应急训练

大学校园是人员高度聚集的场所，教学仪器、科研设备、试验器具多，用电量大，学生宿舍密集，一旦发生火灾事故，影响广、损失大。懂得火灾预防和学会火场逃生，可以减少或避免校园火灾事故的发生及人员的伤亡。大学生通过学习消防安全常识，可以增强消防安全常识，熟悉消防器材的性能和特点，掌握灭火、疏散、逃生的技能，提高自防自救能力，做到"三懂三会"，即懂火灾的危害性、懂火灾的扑救方法、懂火灾的预防措施，会报火警、会使用灭火器、会逃生自救。"隐患险于明火，防范胜于救灾，责任重于泰山"。希望同学们自觉承担起校园防火工作的义务，更多地学习和掌握消防知识，遵守各项防火制度，积极参与校园消防工作，使校园形成"人人关心消防、处处注意防火"的群防群治的局面，从根本上减少或避免校园火灾事故。

▶▶▶ 第一节　消防基础知识

一、燃烧的概念及其分类

燃烧的类型有许多，最多的为闪燃、着火、自燃、爆炸这四种。

闪燃即在固体或液体上产生足够多的可燃蒸气时，遇到明火即会产生一闪即灭的燃烧现象。液体可燃物在挥发过程中会在空气中产生可燃蒸气，固体可燃物在升华或分解过程中产生可燃蒸气，当这些气体在一个密闭的环境中达到一定量时，遇到明火即可燃烧引发火灾。闪点即液体或固体能够产生闪燃的最低温度。

着火即可燃物在与空气共存的条件下，当达到某一温度时，与着火源接触即能引起燃烧，并在着火源离开后仍能持续燃烧的现象。

自燃即可燃物在空气中没有受到外来明火的干扰，依靠自身燃烧或外热发生的燃烧现象。自燃根据不同的物质可分为本身自燃和受热自燃。本身自燃是物质内部自发产生热量引起的燃烧现象。受热自燃是物质加热到一定温度时产生的燃烧现象。

爆炸即物质进行急剧氧化反应产生的温度和压力瞬间增加的现象。

二、火灾的概念及其分类[①]

火灾，即在时间以及空间上失去控制的燃烧所发生的灾害。根据国家制定的《火灾分类》的标准，火灾可分为 A、B、C、D、E、F 六类。

A 类：指固体物质火灾。这种物质通常具有有机物质性质，一般在燃烧时能产生灼热的余烬。如木材、干草、煤炭、棉、毛、麻、纸张等火灾。

B 类：指液体或可熔化的固体物质火灾。如煤油、柴油、原油、甲醇、乙醇、沥青、石蜡、塑料等火灾。

C 类：指气体火灾。如煤气、天然气、甲烷、乙烷、丙烷、氢气等火灾。

D 类：指金属火灾。如钾、钠、镁、钛、锆、锂、铝镁合金等火灾。

E 类：指带电火灾。

F 类：指烹饪器具内的烹饪物（如动植物油脂）火灾。

第二节　火灾的成因及预防

校园火灾屡见不鲜，轻则财物损毁，重则人身伤亡。面对无情水火，我们不仅要掌握相关的灭火技能、逃生技能，更要明白防重于治。防火有哪些注意事项呢？发现火灾真的应该马上逃生吗？什么样的火灾可以自行扑灭，又该如何扑灭？需要

---

① GB/T5907.1—2014 消防词汇第一部分：通用术语 2.6。

逃生时应该采取什么样的逃生自救措施？在不同的火灾地点又有哪些不同的逃生方法呢？

校园是师生每天生活、工作、学习的地方，宿舍、教室、食堂等都是我们的必到之处，保证这些地方的消防安全是我们每个人的责任和义务。让我们一起学习宿舍、教室及校园公共场所的防火注意事项，掌握电器设备的防火要领，提高消防安全意识，消除火灾于未患之时，保障自己的生命安全和财产安全。

一、火灾的成因

火灾事故发生的原因主要有纵火、电器违章操作、用火不慎、玩火、吸烟不慎、雷击、静电及其他因素如地震、风灾等。校园火灾事故发生的原因主要有以下几点。

（一）使用明火不慎，引起火灾

（1）违章点蚊香。点燃的蚊香中心温度可达 700 ℃ 左右，而布匹的燃点为 200 ℃，纸张燃点为 130 ℃，若这类可燃物品靠近点燃的蚊香，极易引起燃烧。

（2）违章吸烟。烟头的表面温度为 200 ℃～300 ℃，中心温度为 700 ℃～800 ℃，一般可燃物的燃点大多低于烟头表面温度，若点燃的烟头遇到燃点低于烟头温度的可燃物，就极可能引起火灾。

（3）违章使用灶具。个别大学生图省事、方便，使用煤油炉、酒精炉，如果使用不当极易引起火灾事故。

（4）违章焚烧废物。有的大学生在宿舍内烧废纸等物品，若靠近蚊帐、衣被等可燃物或火未完全熄灭人就离开，火星飞到这些可燃物上也能引起火灾。

（5）树林和草坪违章用火。在树林和草坪吸烟、玩火、野炊、烧荒，都能引发火灾，因树林中有较多落叶和枯草，特别是冬季草坪枯萎、天气干燥时，一遇火种，极易引发火灾。

（二）电器火灾

电器火灾除少数是设备上的原因外，大多数是人为因素造成的。高校引发电器火灾的原因主要有：

（1）违章使用大功率电器。高校建筑物的供电线路、供电设备，都是按照实际使用情况设计的，若在宿舍内使用大功率电器，如电炉、电饭锅、电吹风、电热水瓶等，使供电线路过载发热，极易加速线路老化而起火。

（2）违章乱拉乱接电线，损伤线路绝缘层，引起线路短路和触电事故。因此，大学生要遵守学校规定，不在学生宿舍乱拉乱接电线等，避免火灾的发生。

（3）使用电器不当。如 60 W 以上的灯泡靠近纸等可燃物，长时间烘烤易起火；充电器长时间充电，又被衣被覆盖，散热不良，也能引起燃烧；不按说明书使用电器也能引起火灾。

（4）定时供电或因故障而停电引起火灾。例如，某学生使用吹风机时，突然停电，电源插头未拔就离开宿舍，来电时又没有回宿舍，吹风机较长时间工作，因电动机过热易引起火灾。因此，在电器使用完毕或停电时，都必须关断电源。

（三）违反实验室操作规程

大学生在实验中，若违反规程规定用火用电用危险物品，也易引起火灾。

（1）电感的实验设备在使用时用物品覆盖在散热孔上，使设备聚热，导致设备燃烧。

（2）用火时，周围的可燃物未清理完，火星飞到可燃物上引起燃烧。

（3）化学实验时，将相互抵触的化学试剂混在一起，试验温度过高或操作不当，也能引起火灾事故。特别需要指出的是，不按操作规程进行实验是极易发生火灾事故的，防止火灾发生的关键，是做好火灾的预防和知识普及工作。

案例 1

2001 年 3 月 10 日夜，某校学生郝某在教室里用电脑时吸烟，将烟灰缸中未熄灭的烟头放入教室门后的废纸篓里后离开，约半小时烟头引燃废纸、书柜等物，烧毁天花板、柜子、计算机等物，价值数千元。依据有关规定，郝某被治安拘留 7 天。

案例 2

2012 年 10 月 29 日 5 时左右，长春大学旅游学院一寝室电器短路发生火灾。寝室学生及时发现，宿舍管理员和保安在 5 分钟内成功将楼内 400 名学生疏散，并且在消防人员赶到前将火扑灭。经过初步调查，失火原因是电器使用不当，清晨供电时电器短路。

案例 3

2015 年 12 月 10 日下午，位于汉南区纱帽街的湖北某职业学院一学生寝室发生火灾，失火的是 4 号楼 320 寝室。当时有一名男生正在寝室睡觉，其他寝室的学生发现后报警，三辆消防车赶到现场才将大火扑灭。

案例 4

2011 年 10 月 10 日下午，中南大学实验楼楼顶发生火灾，过火面积 790 平方米，直接经济损失 49.97 万元。引发火灾的罪魁祸首是一个损坏的水龙头。前些日子，该水龙头出了故障，时好时坏，没有得到及时维修。有人在水槽上盖了一块板子，提醒水龙头有问题，不要使用。当天上午 9 点多学生进入实验室打扫卫生，午饭时间后，学生们关上实验室门出去吃饭。结果，那个损坏的水龙头突然流水，水顺着板子流到了下方的储藏柜中，储藏柜里放着遇水便燃烧的金属钠、三氯氧磷等化学药剂。

点评：

在高校，学生宿舍和实验室是火灾发生的主要区域，电器使用不当是造成火灾的主要原因。上述案例已经充分说明，校园消防安全不可忽视，稍有不慎就有可能酿成大祸。然而，发生在校园中的火灾，大部分是可以预防的。学生应该学习和掌握必要的防火知识，以备不测。

二、火灾发展的规律

实践证明，多数火势是从小到大、由弱到强逐步发展的。火灾的形成过程一般分为初起、发展、猛烈、熄灭四个阶段，前三个阶段是造成火灾危害的关键。

（一）火灾初起阶段

一般固体可燃物质发生燃烧，火源面积不大，火焰不高，烟和气体的流速不快，辐射热不强，火势向四周发展的速度比较缓慢，这段时间的长短，随建筑物结构及空间大小的不同而不同。在这种情况下，只需少量的人力和简单的灭火工具就可以将火扑灭。

（二）火灾发展阶段

如果初起阶段的火灾未被发现或扑救，随着燃烧时间的延长，燃烧强度增大，温度逐渐上升，燃烧区内逐步被烟气所充满，周围的可燃物迅速被加热。此时气体对流增强，燃烧速度加快，燃烧面积迅速扩大，会在一瞬间形成一团大的火焰。在这种情况下，必须有一定数量的人力和消防器材装备，才能及时有效地扑灭大火。

（三）火灾猛烈阶段

随着燃烧时间的延长，燃烧速度不断加快，燃烧面积迅速扩大，燃烧温度急剧上升，持续温度达 600 ℃～800 ℃时辐射热最强，气体对流达到最高速度，燃烧物质的放热量达到最高数值，此时建筑材料和结构受到破坏，发生变形或倒塌。燃烧时间的长短和温度的高低，也取决于建筑物的耐火等级。在这种情况下，需要组织较多的灭火力量和花费较长的时间，才能控制火势。

（四）火灾熄灭阶段

猛烈燃烧过后，火势衰退，室内温度下降，烟雾消散，火灾渐渐平息。

三、宿舍防火

（一）正确使用明火

不躺在床上吸烟，不乱扔烟头。不在有大量易燃物品又狭小的寝室内点蜡烛或焚烧物品，如确有需要，必须在空旷或安全的地点，并且要有人照看。不擅自使用煤炉、煤油炉、液化气灶具、酒精炉等可能引发火灾的器具。不在寝室存放汽油、火药等易燃易爆物品。

（二）宿舍用电安全

在高校校园中，许多同学在寝室与舍友一起合用热得快、电热毯、电饭锅、吹风机等大功率电器，由于用电量远超校园宿舍的标准，电压远远超负荷运载。

案例："热得快"引发火灾[①]

2012 年 10 月 18 日凌晨，浙江省杭州市某学校公寓二楼一房间突然着火，有学生被困。接到报警后，杭州消防支队西湖大队迅速出动 3 辆消防车，17 名官兵火速赶赴现场，迅速扑灭明火。由于疏散及时，扑救得当，火势没有进一步蔓延，火灾未造成人员伤亡。火灾疑似由"热得快"烧开水引发。

安全电压是指为了防止触电事故而由特定电源供电所采用的电压系列，一般安全电压为 36 V。

一般说来，建筑物内的电器设施如变压器、电线和插座等，是由专业人员按照相关安全规定设置的，应该是安全的，但安全的前提是要正确使用：铺设临时电路、安装插头看似简单，其实是需要专业资质的，不要私自铺设电源。通常，宿舍里的电路是有载荷限度的，使用大功率电器前请询问管理人员。

不要使用劣质拖线板。不违章使用学生宿舍禁止使用的电器，规范使用电器，

---

① 刘铁峰. 大学生安全教育［M］. 长沙：湖南大学出版社，2017.

不使用无国家 3C 安全认证的电器。

长期连着电源，电器发生火灾的概率一定比切断电源大，大学生睡觉、离开寝室或放假离校时应当切断不用电器的电源或房间总电源。嗅到电线胶皮煳味，要人工切断所有电源。要及时报告，采取措施。

台灯、取暖器不要靠近枕头、被褥和蚊帐等易燃物，普通蚊香远离床铺等可燃物。

（三）定期进行安全检查

定期对楼道及寝室进行安全用电的检查，制定安全用电防火防灾的规章制度，严格遵守用电制度，离开宿舍切断所有的电源设备。严禁私自乱接线，严禁在宿舍楼内焚烧杂物，不准携带易燃易爆物品进入寝室，不准卧床吸烟或者乱扔烟头等，规范学生在到达新的学校寝室后的用电和用火安全。

四、实训实验场所火灾预防

（一）关于专用设备

实训实验场所的专业设备的使用是有严格的程序、方法规定的，必须按照安全规程操作专用设备，严禁进行过载或其他违反安全规定的操作。杜绝随意玩弄设备，或擅自操作启动性能不明的专业设备。

必须熟悉水、电、气（包括气体钢瓶）的开关阀门，使用易燃、易爆气体时要经常检查管道、阀门开关及气瓶是否泄漏。注意关好水、气阀门，切断电源，离开实验室应仔细检查，关好门窗。

实验进行时不得脱离岗位，有事必须离开时，应交代其他人员看管实验装置并对其讲明注意事项。

凡高温、高压、高转速的实验项目，以及化学危险物品、剧毒物品、放射性物品、压力容器的实验操作者，要充分了解其性能、使用方法、操作规定、防护方法，严格执行专门的规定和操作规程。

（二）关于危险物品

在实训实验过程中使用各种化学物品，需要引起重视的是易燃易爆、腐蚀性和有毒化学物品。根据这些化学物品的性质不同，这些物品的存放保管、运输取用和使用方法与数量都有严格的安全程序和规定，在实验中必须在教师的指导下，严格按照安全规定使用。

参加实验的学生，必须了解实验中存在的或可能发生的不安全因素，掌握一旦发生事故的应急救援措施，必须了解实验室内和周围的一切消防器材存放地点及其使用方法，会扑灭初期火灾。

化学试剂要限量领用和存放，注意安全保管和使用。搬运化学危险品时，必须轻拿轻放，严防撞击、滚动。如发现破损、渗漏，必须立即进行安全处理。

严禁在实验室内吸烟、就餐，做与实验无关的活动和用实验设备处理食物。使用化学危险品，要严格执行安全制度、操作规程。在进行蒸馏、精馏、萃取等危险性大的实验中，操作人员不得脱离岗位。

实验后剩余的化学危险品，实验中产生的残渣、废液不准存放或丢弃在露天处或楼道内，不准流入下水道，任何人不得将化学危险品带回宿舍和居室。

禁止任何人住宿在存有化学危险品的实验室和库房。未经过批准，不准带领同学、朋友等无关人员进入实验室游玩。

五、体育馆、报告厅、食堂的防火

在这类校园公共场所活动时，一定要遵守消防安全制度，不得携带易燃易爆品，如汽油、酒精等，不要吸烟，更不能随地丢弃烟头、火种，要保持安全通道畅通。防重于消，消除火灾的关键，就是做好火灾的预防工作。

六、图书馆火灾预防

定期维修检查图书馆线路是否有老化问题，严禁在图书馆使用大功率电器；严格控制图书馆入馆人数，时刻保持火灾逃生通道畅通；不准学生携带易燃易爆化学物品进入图书馆；不得在图书馆吸烟或使用明火。

▶▶▶ 第三节　火灾扑救与逃生

在一般的火灾中，火势发展大体经历四个阶段，即初起阶段、发展阶段、猛烈阶段和熄灭阶段。在初起阶段，火灾比较易于扑救和控制，据调查，有 40％～50％的初起火灾是由当事人或消防人员扑灭的。出于自救和互救的原因，处于真实的火灾现场的当事人大多会进行扑灭行动，但从专业角度考虑，当火灾发生时需要的不是单纯的勇敢，而是理性的判断和正确的行动。

一、怎样的火情才属于初起火灾？

初起火灾指一般人依靠常规手段与民用消防设备或替代品可以扑灭的火灾，有几个判定的指标：

（1）燃烧物品为一般可燃物，如木材、纸张、塑料制品等；

（2）燃烧刚刚开始，产生的烟气浓度人可以忍受；

（3）燃烧现场的温度不高，在距离起火点1～2米内人可以忍受；

（4）通过浇水、扑压或使用家用小型灭火器后，火势明显减小的。

如果不符合上述特征的，往往可以判定已经超出一般人的能力范围，这种情况就不应该选择扑救，而是及时撤离。

二、怎样扑灭初起火灾？

燃烧的三个必要的条件，分别为可燃物、助燃物和点火源。扑灭火灾时，我们必须按照这三种必要条件去阻止火源的继续燃烧，基本上是根据抑制可燃物、阻断助燃剂、消灭火源和阻止火势蔓延这四种方式来完成灭火。如果现场附近正好有水源、家用小型灭火器或其他合适的替代品的话，我们就可以尽快开始扑救行动。这里提供部分扑救初起火灾的基础知识与操作方法。

（一）冷却灭火法

冷却灭火法是将灭火剂直接喷射到燃烧物上，使燃烧物的温度降低到燃点之下，或将灭火剂喷洒在火源附近的物体上，使火源不会持续散发高温，避免形成新的火点的一种灭火方法。

冷却灭火法主要是以大量水、水雾或二氧化碳冷却降温灭火。水和二氧化碳是消防上有效的冷却介质和有稀释能力的物质。水包括饮料、茶水等，只要不是汽油、油漆等可燃液体即可。但需要注意的是用水灭火必须有足够的量；水要浇在火焰的根部；最好先切断着火区域的电源，以防止触电事故。

发生电器火灾事件时，要迅速切断电源。必须采用干粉灭火器或二氧化碳灭火器灭火，严禁向电器起火点泼水。有人触电时，要用竹竿、木杆等绝缘体迅速将电线挑开。发现电线接地时，要采取单脚跳跃式逃离现场。作为应急救护措施，也可以用沙子、干泥土等来灭火。

（二）窒息灭火法

窒息灭火法是阻止空气流入燃烧区域或用不可燃物质冲淡空气，使燃烧物质得不到足够的氧气而窒灭的一种灭火方法。如用不燃或难燃物捂盖住燃烧区域，使之与氧气隔离开来即可达到灭火的目的；用潮湿的毡毯来覆盖火焰，或在火焰处抛洒大量的土或砂石，也可以达到隔离氧气的目的；对容器设备内的火灾，有时可用水蒸气或惰性气体灌注容器设备，把氧气隔离开来。常见的二氧化碳灭火器就是典型的通过减少燃烧区域的空气来灭火的。

电脑着火怎么办呢?

如果电脑着火，即使关掉机器，甚至拔下插头，机内的元件仍然很热，仍会迸出烈焰并产生毒气，荧光屏、显像管也可能爆炸，应对的方法如下：电脑开始冒烟或起火时，马上拔掉电源插头或关闭电源总开关，然后用湿毛毯或棉被等盖住电脑，这样既能阻止烟火蔓延，也可挡住荧光屏的玻璃碎片。切勿向失火电脑泼水，即使已关掉电源的电脑也是这样，因为温度突然降下来，会使炽热的显像管爆裂。此外，电脑内仍有剩余电流，泼水可能引起触电。切勿掀起覆盖物观看，灭火时为防止显像管爆炸伤人，只能从侧面或后面接近电脑。

（三）隔离法

将火源处及其周围的可燃物撤离或隔开，于是燃烧会因无可燃物而停止。例如，将火源附近的可燃、易燃、易爆和助燃物搬走；关闭可燃气体、液体管道的阀门，以减少或停止可燃物质流入燃烧区域，截断燃料使火熄灭；有时也可拆除与火源相连的建筑物而使燃烧中断。

（四）灭火器的使用

常见消防灭火类器材有灭火器、消火栓和破拆工具。

灭火器按所充装的灭火剂可分为泡沫、干粉、二氧化碳、卤代烷、清水等几类，泡沫、干粉、二氧化碳是生活中常见的三类灭火器。消火栓包括室内消火栓系统和室外消火栓系统，主要供消防员灭火使用。破拆工具类包括消防斧、切割工具等。

1. 泡沫灭火器的使用方法

泡沫灭火器适宜扑救汽油、柴油等液体火灾和固体物质火灾，但不能扑救水溶性可燃、易燃液体的火灾和带电火灾，否则将威胁人身安全。泡沫灭火器又分为化学泡沫灭火器和空气泡沫灭火器。

（1）化学泡沫灭火器的使用方法。

可手提筒体上部的提环，迅速奔赴火场。这时应注意，不得使灭火器过分倾斜，更不可横拿或颠倒，以免两种药剂混合而提前喷出。当距离着火点 10 米左右时，即可将筒体颠倒过来，一只手紧握提环，另一只手扶住筒体的底圈，将射流对准燃烧物。化学泡沫灭火器使用中，应始终保持倒置状态，否则会中断喷射。

（2）空气泡沫灭火器的使用方法。

使用时可手提或肩扛灭火器迅速赶到火场，在距燃烧物 6 米左右，拔出保险销，一手握住开启压把，另一手紧握喷枪；用力捏紧开启压把，打开密封或刺穿储气瓶密封片，空气泡沫即可从喷枪口喷出。使用空气泡沫灭火器时，应使灭火器始终保持直立状态，切勿颠倒或横卧使用，否则会中断喷射。同时，应一直紧握开启压把，不能松手，否则也会中断喷射。

（3）使用泡沫灭火器的注意事项。

①在扑救可燃液体火灾时，如已呈流淌状燃烧，则将泡沫由近而远喷射，使泡沫完全覆盖在燃烧液面上。

②如在容器内燃烧，应将泡沫射向容器的内壁，使泡沫沿着内壁流淌，逐步覆盖着火液面。切忌直接对准液面喷射，以免由于射流的冲击，反而将燃烧的液体冲散或冲出容器，扩大燃烧范围。

③在扑救固体物质火灾时，应将射流对准燃烧最猛烈处。

④灭火时，随着有效喷射距离的缩短，使用者应逐渐向燃烧区靠近，并始终将泡沫喷在燃烧物上，直到扑灭。

2．干粉灭火器的使用方法

干粉灭火器可扑灭一般火灾及石油、有机溶剂等易燃液体、可燃气体和电器设备的初起火灾。

（1）使用前上下颠倒几次，干粉松动了才能顺畅地射出来。

（2）除掉铅封，拔掉保险销。

（3）左手握着喷管，右手提着压把，站到火焰附近的安全地带。

（4）对准火源根部，右手用力压下压把，左手拿着喷管左右摇摆，直到把火扑灭。

3．二氧化碳灭火器的使用方法

二氧化碳灭火器用于扑救贵重设备、档案资料、仪器仪表、600 伏以下电器设备及油类的初起火灾。

（1）除掉铅封，拔出保险销。

（2）一手拿着喇叭筒根部，一手压下压把，站在火源附近的上风位置，用力喷射。

（3）扑救流散液体火灾时，要由近而远喷射火焰。

（4）使用二氧化碳灭火器的注意事项。

①使用时，不要用手握住喇叭筒外壁或金属管，容易冻伤。

②在室内，使用二氧化碳灭火器后，要及时通风、快速撤离，否则易引起人员窒息。

③快速掌握灭火器的使用方法，记住以下四个步骤：一提，二拔，三瞄，四喷。

（5）灭火器操作要点。

检查气罐压力；拔出保险栓；调整喷口方向，压握手柄；再次调整喷口方向，对准火焰根部；保持喷射，直至火焰熄灭。

三、火焰熄灭后注意事项

（1）如果液化石油气器具发生火灾，在关闭阀门无效或没有条件关闭阀门断绝气源的情况下，火灭以后可燃气体依旧存在，请打开门窗驱散室内气体，并尽快设法切断气源。

（2）别急着抢救你的贵重物品，尽量保持火场原状，专业人员可能需要进行现场勘查。

（3）注意突然冒烟的地方，死灰复燃的事情经常会发生，现场要有人看守一段时间。

（4）要通知相关人员，一定要向相关管理人员说明事情，不要当作没发生过。

四、火场逃生方法

1. 先离开房间

开门时，用手背触一下房门，看是否发热。要是门已经发热，千万别打开，小心烟火冲进房间，要是门不热，火势可能不大，要迅速离开房间。逃生时要用湿毛巾捂住口鼻，并身披湿衣服、湿棉被。记得要随手关门，避免新鲜空气不断涌入火场，造成更大火势。

2. 从楼梯逃

高层着火时，要尽量往下跑，以利于救援。如果疏散楼梯被火焰封住了，或浓烟弥漫，千万不要贸然闯火场。无法向下逃生时，要往上逃到较为安全的楼层，等待救援。

3. 别乘电梯

千万不要乘电梯逃生。火灾发生时，高层建筑的供电系统随时会断电，此时就会被困在电梯里面，电梯井也成为烟雾的通道，人很容易因被火烧、烟呛而有生命危险。

4. 就地打滚

身上一旦着火，如果手边没有水，就要脱掉衣服，就地打滚，压灭火苗。注意千万不要乱跑。

5. 靠墙躲避

消防人员进室内时，都是沿墙壁摸索前进的，所以，当被烟气熏得无法自救时，要努力滚向墙边或者门口。

6. 不要跳楼

如果被困在较低楼层（7～8米以下），逃生时可以把室内布料、被子等软物抛到楼底，再从窗口跳到软物上逃生，或是把床单、窗帘、衣物等接成绳，沿着绳子滑下去。处于较高层时，要将自己充分暴露在易被发现的地方，等待消防人员救援。千万不要盲目跳楼，白白送命！

7. 管道逃生

如果实在没有办法，可以考虑房间外墙上的管道。在确定管道承重能力没有问题后，有把握的人可以用管道逃生，否则建议还是等待救援。

8. 尽量暴露

若暂时无法逃离，千万不要藏到顶楼、壁橱等隐蔽的地方，给救援增加难度。要选择待在阳台、窗口等容易被人发现的地方，并挥舞颜色鲜艳的毛巾、使用手电筒等，引起救援人员的注意，提高被救概率。

9. 火灾逃生妙用毛巾

在火灾逃生中，湿毛巾可以用来捂住口鼻以防烟雾中毒，也可以用来扑救初起火灾，毛巾可谓火场逃生中的重要工具。

（1）保护双手。

在火场中搬运灼热的液化气钢瓶等物体时，为避免烫伤，可垫上一条湿毛巾再搬运；结绳自救时，为防止下滑过程中绳索摩擦发热灼伤手掌，可在手掌上缠一条湿毛巾。

（2）挥舞求救。

当被困高层建筑物时，被困人员可以在窗口挥动颜色鲜艳的毛巾作为求救信号，引起救援人员的注意，得到消防人员的救援。

（3）堵门窗缝。

万一火场中无路可逃，要进入房间躲避。为躲避烟雾威胁，防止高温烟火从门窗缝或其他孔洞蹿进室内，可用湿毛巾或湿床单等物堵塞缝隙或孔洞，并不断向迎烟火的门窗及遮挡物泼水降温，以延长门窗被烧穿的时间。

（4）捂住口鼻。

火灾发生时，将毛巾浸湿，多次折叠，捂住口鼻，可防烟雾入侵。在不影响呼吸的前提下，毛巾的湿度越大，对折次数越多，除烟效果越好。一般情况下，折叠八层的普通湿毛巾，含水量在自重三倍之内时，烟雾消除率可达60%。

火场中使用毛巾需特别注意，要用湿毛巾，不要用干毛巾；要用纯棉毛巾，不要用化纤毛巾；要将毛巾折叠加厚使用，不要单层使用。

五、火场逃生实施方法

（一）火场逃生的个人防护

1. 呼吸防护

火场内的烟气与燃烧后产生的有毒物质是火灾致死的主要原因，火场烟气的主要成分是：一氧化碳、二氧化碳、氰化氢、氯化氢、二氧化氮，当然还有颗粒性粉尘。约有60%～70%的火灾罹难者死于烟气，主要原因是吸入有害高温烟气造成运动能力和思维判断能力的显著降低，以致丧失逃生的能力。

建议自制过滤性呼吸防护用具。人体的呼吸系统是娇嫩的，吸入火场的烟气和有毒气体后，呼吸道会立刻产生强烈的灼痛感，造成最终的窒息，而且这个过程的时间很短。所以我们必须高度重视火场内烟气的杀伤力和自制过滤性呼吸防护用具的重要性，通过过滤环境中空气的形式最低限度地支持我们的呼吸。我们可以用各类质地疏松的纺织品制成一个最为简易的空气过滤用具，那就是纱布口罩。疏松的纺织品可以阻挡颗粒较大的粉尘，但不足以应付火场这样"凶猛"的烟气，我们可以用以下两种方法来提升自制简易口罩的过滤效率：一是增加厚度。增加厚度也就是通过增加纺织物的层数提高过滤效果，层数因人而异，太厚容易造成吸气困难，太薄达不到预计效果。最佳效果是捂紧口鼻时，呼吸稍感费力。二是用水沾湿。用水润湿的织物纤维具有更强的吸附力，可以过滤颗粒更小的粉尘。

2. 整体防护

火场内的温度高低取决于燃烧物质的不同与燃烧持续时间的长短，一般民宅经过一段时间的燃烧后，中心现场的温度有可能高达 1500 摄氏度，钢铁都能熔化。我们的体表皮肤，一般在超过 70 摄氏度时就会烫伤，并产生痛感。所以禁止穿越猛烈燃烧或燃烧面积很大的火场，而我们在不得已要穿越着火点逃生时，一定要做好必要的防护。比如用水浸湿床上的棉被、毯子，将其披在身上，尽可能多地遮盖身体各部位等。

热的传递有辐射、对流和传导三种形式。在火场逃生中，我们主要面对的威胁是整个环境的温度较高，主要还是辐射热。尽可能地遮盖体表可以有效地减少经过着火点时由于辐射造成的体表温度迅速上升，如果没有遮盖防护，衣物会很快着火，裸露的皮肤会在很短时间内烧伤并产生强烈的痛感，虽然不会危及生命，但是衣服着火、皮肤烧伤的强烈痛感所产生的严重的恐慌是致命的，可能由于慌张在室内迷失方向，也可能因为害怕而退回，并因此丧失了最佳的逃生机会。所以在火灾发生时，我们要一定要保持冷静，在做好整体防护的情况下，尽快逃离火场。

（二）火场逃生实施要点

一是如果确认所处地点离出口很近，那就不顾一切地拼命向着正确的方向往前冲。

二要利用一切现有的东西进行防护。一本书就能捂住脸；一个抽屉可以护住头面部；将花盆里的泥土用自己的尿液调稀后，敷在裸露的体表，也是很好的防护方法。

三要忍住疼痛，要考虑到逃生中受轻伤的可能性很大，一定不要让疼痛影响自己的行动。可以大声叫喊，这不仅能激发身体内分泌肾上腺素来缓解疼痛，还能起到呼救的作用。

（三）火灾逃生中的错误行为

1. 原路脱险

这是最常见的火灾逃生行为模式。因为大多数建筑物内部的平面布置、道路出口一般不为人们所熟悉，一旦发生火灾，人们总是习惯沿着进来的出入口和楼道进行逃生，当发现此路被封死时，才被迫去找其他出入口，此时已失去最佳逃生时间。因此，当我们进入一座新的大楼或宾馆时，一定要对周围的环境和出入口进行必要的了解与熟悉，以备不测。

2. 向光朝亮

在紧急危险情况下，由于本能，人总是向着有光、明亮的方向逃生。一般情况下，光和亮就意味着生存的希望，它能为逃生者指明方向道路、避免瞎摸乱撞而更易逃生。而在火场中，电源极有可能已被切断或已短路、跳闸等，光和亮之地正是火灾发生之地。

3. 盲目追随

当人的生命突然面临危险时，极易因惊惶而失去正常的判断思维能力，当听到或看到有什么人在前面跑动时，第一反应就是盲目地紧紧地追随其后。常见的盲目追随行为模式有跳窗，跳楼，逃（躲）进厕所、浴室等。只要前面有人带头，追随者也会毫不犹豫地跟随其后。克服盲目追随的方法是平时要多了解与掌握一定的消防自救与逃生知识，避免事到临头没有主见而随波逐流。

4. 冒险跳楼

人们在开始发现火灾时，会立即作出第一反应。这时的反应大多还是比较理智的分析与判断。但是当选择的路线逃生失败后，人们发现判断失误而逃生之路又被大火封死，这时火势愈来愈大，烟雾愈来愈浓，人们就很容易失去理智。此时的人们也不要跳楼、跳窗等，而应另谋生路，万万不可盲目采取冒险行为。

(四) 等待救援

等待救援是一件非常煎熬的事情，因为只有你自己认为或者火灾的实际情况决定了你已经处于无路可逃的局面，你才被迫选择等待救援。但是，等待救援并不意味着等死！你还有很多事情要做！

1. 延缓火灾危及自身的时间

尽可能延缓火场的高温与有毒有害烟气危及你的时间，提高获救概率。

2. 等待救援的地点选择

首先，应选择建筑物内相对安全的位置等待救援。如：离着火点远的地方；与着火点间隔着很多道门或房间的地方；有着厚实的墙壁与门的地方；同时要注意判断火势的方向，千万不要选择厨房等存放有易燃物品的房间，一旦发生爆炸后果是致命的。

其次，应选择便于施救的地点。一般建筑物着火，消防员会从窗户和楼顶进行施救。所以应选择窗下有空间停放大型消防车和其他施救器械的地点等待救援。如果你快晕倒了，最好倒在楼内主要通道上，这里是消防员最早搜索的地方。

3. 要做好自身防护

防护针对的就是面临的威胁，等待救援面临的威胁主要就是高温与有毒烟气两种。

如果门被烧烫了，就不断浇水进行冷却；如果有两扇门，那就有两道防线可以据守，第一道不行了，再退到下一道。为自己的救援赢得更多的时间，时间对救援是至关重要的。

面对有毒烟气，我们应用毛巾、衣服、沙土把门缝堵住，尽量做到隔绝空气对流。如果你身处的室内和火场没有做到隔绝空气对流，那么，室内的空气会被吸出去，与灼热的烟气形成对流，烟气将迅速弥漫整个房间。

思考题：

1. 火场中相对安全的位置是哪里？
2. 火场逃生中如何进行呼吸防护？

第九章　心理健康训练

随着社会的不断进步，竞争日趋激烈，尤其是对于即将步入社会的大学生而言，不仅面临社会适应方面的挫折和情感方面的挫折，还面临学业就业压力等问题。心理健康问题成为一个不可忽视的问题，来自社会和学校的这些压力与挫折会导致大学生出现不同程度的心理困惑，尤其是已被世界卫生组织称为"世纪病"的抑郁症。广大青年学生的精神生活受到折磨，成为现代社会中最敏感的人群。大学生若想在社会变迁加速、竞争日趋激烈、价值取向多元化的社会环境中安身立命，并发展自身、实现梦想、贡献社会，保持健康的心理是一个最基本的条件。心理学家荣格就曾经提醒人们，要防止远比自然灾害更危险的人类心灵疾病的蔓延。因此，大学生在校学习期间必须了解心理健康的基本知识，掌握一定的心理调节方法，建立科学的心理健康理念。

▶▶▶ 第一节　心理健康概述

一、心理健康的概念

戴尔·卡耐基认为："一个人事业上的成功，只有 15％是靠他们的学识和专业技术，而85％是靠良好的心理素质和人际交往能力。"重视心理健康已成为当今世界的大趋势，心理健康（mental health）的概念是由心理卫生（mental hygiene）的概念延伸出来的。心理健康通常是指一种积极的心理状态，心理卫生则是指一切维护心理健康的活动及研究心理健康的学问。

不同学者对心理健康概念从不同的角度进行了不同的论述。1946年第三届国际心理卫生大会认为："心理健康是指在身体、智能以及情感上与他人心理健康不相矛盾的范围内，将个人心境发展到最佳状态。"

精神医学者卡尔·梅宁格（Karl Menninger）认为："心理健康是指人们对环境，以及个体之间相互具有高效率及快乐的适应，从而获得满足感，能愉快地接受生活的规范。心理健康的人应能保持平静的情绪、敏锐的智能、适于社会环境的行为和愉快的气质。"

心理学家英格里斯（H. B. English）给心理健康的定义是："心理健康是指一种持续的心理情况，当事者在那种情况下能进行良好的适应，具有生命力，并能充分发展身心的潜能。"心理卫生学者阿可夫（Abr Arkoff）认为心理健康是指具备"有价值心质"的人，即①幸福感；②和谐（指在情绪平衡，以及欲望与环境之间协调）；③自尊感（包含自我了解、自我认同、自我接纳与自我评价）；④个人成长（潜能充分发展）；⑤个人成熟（个人发展达到该年龄应有的行为）；⑥个人统整性（能有效发挥理智判断力及意识控制力，积极主动，能应变）；⑦保持与环境的良好接触；⑧从环境中自我独立（独立自主，自由而自律）；⑨有效适应环境。

综上所述，心理健康是相对于生理健康而言的，它有广义和狭义之分。从广义上讲，心理健康是指一种高效而满意的持续的心理状态。在这种状态下，人能够对客观环境做出良好的适应，并且充分发挥其身心潜能。从狭义上讲，心理健康是指人的基本心理活动的过程内容完整、协调一致，即知、情、意、行、人格完整协调，能适应社会。

二、心理健康的标准

心理健康的测量一般采用标准的心理健康测试量表，其标准不是固定不变的，它随着时代变迁、文化背景变化而变化。大学生的年龄一般在18～24岁，从心理学的观点来看，正处于青年中期。大学生的心理具有青年中期的许多特点，但又不能完全等同于社会上的青年。根据我国大学生的实际情况，评判大学生的心理健康水平应主要考虑情绪健康、智力正常、意志健全、自我评价正确、人格完整、人际关系和谐、心理行为符合大学生的年龄特征、社会适应正常八个方面。

（一）情绪健康

情绪稳定和心情愉快是情绪健康的标志，情绪健康的标准有：愉快情绪多于负性情绪，乐观开朗，富有朝气，对生活充满希望；情绪较稳定，善于控制与调节自己的情绪，既能克制又能合理宣泄自己的情绪，情绪的表达既符合社会的要求又符合自身的需要，在不同的时间和场合有恰如其分的情绪表达；情绪反应与环境相适应，反应的强度与引起这种情绪的情境相符合。

（二）智力正常

智力，是人的观察力、注意力、记忆力、想象力、思维力、创造力及实践活动能力等的综合体现，包括在经验中学习或理解的能力、获得和保持知识的能力、迅速而成功地对新情境做出反应的能力、运用推理有效地解决问题的能力等。这是大学生学习、生活与工作的基本心理条件，也是适应周围环境变化所必需的心理保证，因此，衡量大学生的智力是否正常，关键在于其是否正常地、充分地发挥自我效能，即强烈的求知欲，乐于学习，积极参与学习活动。

（三）意志健全

意志是人在完成一种有目的的活动时进行的选择、决定与执行的心理过程。意志健全者在行动的自觉性、果断性、顽强性和自制力等方面都表现出较高的水平。意志健全的人在各种活动中都有自觉的目的性，能适时地做出决定并运用切实有效的方式解决所遇到的问题，在困难和挫折面前，能采取合理的反应方式，能在行动中控制情绪和言而有信，而不是盲目行动、畏惧困难、顽固执拗。

（四）自我评价正确

正确的自我评价乃是大学生心理健康的重要条件，大学生要能够自我观察、自我认定、自我判断和自我评价，做到自知，恰如其分地认识自己，摆正自己的位置，既不以自己在某些方面高于别人而自傲，也不以某些方面低于别人而自惭，能够自我悦纳，喜欢自己，接受自己，自尊、自强、自制、自爱适度，正视现实，积极进取。

（五）人格完整

人格指的是个体比较稳定的心理特征的总和。人格完善就是指有健全统一的人格，即个人的所想、所说、所做都是协调一致的。即人格结构的各要素完整统一；具有正确的自我意识，不产生自我同一性混乱，以积极进取的人生观作为人格的核心，并以此为中心把自己的需要、目标和行动统一起来。

(六) 人际关系和谐

良好而深厚的人际关系，是事业成功与生活幸福的前提。其表现为乐于与人交往，既有广泛而深厚的人际关系，又有知心朋友；在交往中保持独立而完整的人格，有自知之明，不卑不亢；能客观评价别人和自己，善取人之长补己之短，宽以待人，乐于助人，积极的交往态度多于消极态度，交往动机端正。

(七) 心理行为符合大学生的年龄特征

大学生是处于特定年龄阶段的特殊群体，大学生应具有和年龄与角色相应的心理行为特征。因为正处于特定年龄阶段，因而大学生具有与年龄和角色相适应的心理行为特征。心理健康的大学生精力充沛、思维敏捷、情感活跃，与之相适应，行为上应该表现为朝气蓬勃、热情洋溢、生龙活虎、反应敏捷、勇于探索、勤学好问。

(八) 社会适应正常

个体与客观现实环境保持良好秩序。个体做客观观察以取得正确认识，以有效的办法应对环境中的各种困难，不退缩，还要根据环境的特点和自我意识的情况努力进行协调，或改革环境适应个体需要，或改造自我适应环境。

心理健康的标准既为人们提供了衡量心理是否健康的准则，也为人们指出提高心理健康水平的努力方向。大学生应根据心理健康的标准评估自身的心理健康水平，根据自身情况及时调整身心状态，追求自身心理发展的更高层次，从而不断发挥自身的潜能。心理健康是有效地学习和生活的基础，如果正常的学习和生活都难以维持，就应该及时进行心理调整。

▶▶▶ 第二节　大学生常见心理健康问题及其成因

一、大学生常见心理健康问题

大学生心理健康问题的出现与其个人生理发育特点、心理发育特点、性格特征、家庭环境、学校专业和社会环境等都有着密切的关系。目前，大学生最为常见的心理健康问题主要有学习问题、适应问题、人际交往问题、情绪情感问题、就业问题等。

（一）学习问题

1. 学习焦虑问题

学习焦虑是指学生由于不能达到预期目标或不能克服学习障碍，致使自尊心、自信心受挫，或失败感、内疚感增加而形成的一种紧张不安、带有恐惧的情绪状态。现代心理学把焦虑分为低、中、高三种情况，并且认为焦虑水平与学习效果成倒"U"形曲线关系，即中等水平的焦虑，可以增强学习效果，但是若焦虑过度则会对学习起不良作用。如有些大学生学习目标制定得过高，不符合自己的客观条件，比如专业课成绩一定要在 95 分以上，总分一定要考入班级的前三名，一定要考上国家重点大学的研究生等等。在过高的学习目标引导下，他们过于勤奋，往往一门心思扑在学习上，不允许自己有半点分心，不允许自己有一点点娱乐、休息和运动，否则，就认为自己浪费了时间。他们在学习上往往过于争胜好强，过于看重分数、名次和结果，而且非常害怕失败，非常想得到老师、家长和同伴们的肯定和赞扬。他们把外在的评价当成自己内在的学习动力，却丧失对学习过程本身应有的兴趣。由于长时间超负荷的学习，他们情绪上难以松弛，往往产生学习焦虑，还可能会导致头痛、头昏、失眠多梦等身体上的不适，同时也会产生思维迟钝、记忆力减退、精力不集中等不良反应，从而降低学习效率，形成情绪上的恶性循环，使自己陷入抑郁状态。

2. 学习动机问题

学习动机缺乏者在生活上表现为懒散、惰性大；不遵守纪律，经常旷课和睡懒觉；对吃喝玩乐情有独钟，整天沉溺于下棋、玩扑克、搓麻将、跳舞、看电影、逛商场、上网聊天、谈恋爱等；乱花父母的血汗钱而心安理得，无端浪费大好时间而无动于衷。学习动机缺乏的原因有学习动机不正确，社会责任感不强，价值观念不强，学习态度不端正，学习毅力不强，对专业不感兴趣，对自我的学业期望不足，学业自我效能感低等。

3. 学习记忆力问题

良好的记忆力有四个品质：识记的敏捷性、保持的持久性、记忆的精确性和记忆的准备性。记忆障碍是指其中一个品质或几个品质表现差，出现问题。一旦出现记忆力问题就会严重影响学习效果，同时还会引发焦虑、抑郁、神经衰弱等心理问题。

（二）适应问题

1. 生活适应问题

（1）自然环境的适应问题。

自然环境适应主要是指新生对就学地的气候、空气湿度等自然环境的适应。由于我国地域广阔，南方、北方在气候、空气湿度等方面差别大，人们采取的应对方式也明显不同。北方的气候特征通常是冬天比较寒冷，四季少雨干旱，空气湿度低；室内都安装暖气设备，室内外温差较大。而南方则是冬天比较温暖，常年多雨湿润，空气湿度高；大多数室内没有安装暖气设备，因此，室内外温度相差不大。所以在第一学期的冬季，不少南北跨越求学的新生就因上述自然环境的差异而导致各种水土不服，出现不同程度的身体不适甚至是严重身体疾病，有的新生因长期不能适应就学地的自然环境而主动要求转学或退学。

（2）生活（生存）技能的适应问题。

新生在进入大学前，学习占生活的绝大部分，除学习之外一切的事物几乎都由父母操办，基本上过着"饭来张口、衣来伸手"的生活，独立生活能力较差。新生上大学后离开父母，除了学习外，还需要具备一些基本的自理能力和生活技能，如合理安排开支、妥善安排衣食住行、保管好现金及贵重物品、快速适应学校和生活区的基本环境等，这些对刚刚开始独立生活的新生来说是个不小的挑战。此外，新生还需及时学习并掌握必要的生存技能，如防盗、防骗、自救等。如果缺乏这些生存技能，会让新生产生异常强烈的恋家、迷茫、焦虑恐惧等心理，还有的新生因此而主动要求休学、退学。

（3）生活（社会）环境的适应问题。

新生的生活（社会）环境适应主要包括居住环境、生活习惯、饮食习惯三方面的内容，其中生活习惯往往因和外界存在显著差异而导致适应难度较大。进入大学，寝室是大学生生活、学习的重要场所，同学生活习惯不同，相互之间如果沟通不当，很容易产生矛盾和冲突，造成人际不适问题。同时，上大学后要重新适应新学校的生活（包括学习）规律、学校作息制度、寝室其他同学的生活规律，如果与之前自身习惯不协调、不一致，将很容易产生生活环境的适应问题。其中以睡眠规律所引起的冲突最为突出。例如有的同学喜欢早睡早起，有的同学偏爱晚上挑灯夜战，给其他人造成睡眠困扰。南北方饮食习惯的不同，也给对饮食有特殊要求的新生造成饮食困扰。

2. 学习适应问题

（1）学习目标变化不适应。

高中时学习目标明确而单一，就是为了考上大学；进入大学后，这一目标实现了，新生本应该确定新的学习目标，但大多数学生常常感到非常迷茫，即不知道"学习是为了什么""我要学习哪些知识""我应该怎样学习"。

（2）评价标准变化不适应。

大学的评价标准与高中有明显不同，由单一的以学习成绩为评价标准转变为多种能力的考查，大学生除了取得优异的学习成绩外，还需具备较强的人际交往能力、社会工作能力、创新创业能力、特长专长（如文体、艺术）等，这些对于新生来说都是巨大的挑战。

（3）学习方法变化不适应。

进入大学，在没有父母、老师监管的情况下，多数学生不能或难以对学习的努力程度和放松程度进行合理掌握、协调，对能否完成大学学业充满迷茫、困惑与焦虑。少数新生因没有处理好"玩"和"学"的关系，过分放松自己而导致在第一学期期末考试结束后，陡然面临一次性数门课程不及格的情况，由此引发各种心理应激事件或严重的违纪违规行为。

3. 心理适应问题

（1）理想与现实的反差。

新生进入大学前的期望与上大学后形成的真实感受之间的巨大反差表现在三个方面：第一，对一般性大学的期望和现实状况之间的巨大差别；第二，对自己所就读的某个特定大学的期望与现实之间的反差；第三，学生对社会赋予的期望、认识与自己亲身接触社会、经历事件后形成的对社会的感受之间的反差。理想与现实的反差给多数新生带来了强烈的整体性心理冲击，它往往延长了新生上大学的适应期限，增加了新生适应大学的难度。

（2）角色与地位的陡跌。

多数新生进入大学后会发现，原来自己在同学眼中是佼佼者、"老大"，是老师眼中的宠儿，可是到了大学里竟然变成了无人问津的"丑小鸭"，很多学生由于不能接受这种角色的突然转变，而产生强烈的挫败感、自我否定感，有的学生因此而长期处在抑郁情绪中，这种情绪严重影响了他们的学习效率和生活情趣。

（3）情感与归属的失落。

在上大学前，每个学生都有一个相对稳定而又比较熟悉的情感与归属网络，即父母（兄弟姐妹）、老师、同学、朋友。而进入大学后，面临一个全新而陌生的人际环境，多数新生往往体验到强烈的孤独，觉得自己"没有朋友""没有好朋友""心烦时连个说话的人也没有"等。这种失落感往往造成新生难以对其学校、班级、寝室产生认同感，容易导致一种隐蔽而深刻的认同危机、孤独感、疏远感，并很可能引发其他各种心理不适。

4. 协调发展的适应问题

高中生的发展任务往往比较单一，主要是学习，其他都会被学习所淹没。大学生的发展任务则比较多样，除了学习之外，还有生活自理、人际交往、社会工作、个性完善等多种发展任务。对一个新生来说，如何协调好学习与其他多种发展任务之间的关系，是一个很大的挑战。不少新生往往"顾此失彼"，走向了"两极"，要么是只完成学习的发展任务，无暇顾及其他发展任务；要么是投入到社会工作等其他发展任务中，而忽视学习这个基本发展任务的完成，导致期末考试成绩不及格；很少有新生能够统筹兼顾综合规划、合理协调地完成各种发展任务，实现全面发展。协调完成各种发展任务不仅对新生顺利适应大学起着重要的促进作用，而且对他们以后在整个大学阶段的全面发展和潜能大开发也有着重要的奠基作用。

（三）人际交往问题

远离父母在学校过集体生活的年轻大学生需要和教师、同学、宿管阿姨等形形色色的人相处。由于他们从小生活的环境不同，接受的社会和家庭教养不同，因而导致他们待人接物的态度、人格特征不同，加之青春期心理固有的矜持、闭锁、羞怯和冲动，使他们在人际交往中出现各种问题。成功的交往使他们振奋，失败的交往使他们痛苦。渴望友情和不善交往的矛盾心理，对友谊追求完美的理想化心态，自尊和清高带来的孤芳自赏，以及社会转型期所带来的道德价值观转变，都会使当今大学生在交往上感到焦虑和困惑。然而大学生有着强烈的交往需求，他们渴望友谊，厌恶孤岛式的生活，在大学生心灵深处，有着强烈的情感归属和交流需求，这一需求是否得到满足关系到他们能否健康成长。

（四）情绪情感问题

1. 自卑

自卑是自我情绪体验的一种形式，是个体由于某种生理或心理上的缺陷或其他原因所产生的对自我认识的态度体验，表现为对自己的能力或品质评价过低，轻视自己或看不起自己，担心失去他人尊重的心理状态。大学生的自卑主要表现在：敏感和掩饰、自暴自弃、逃避现实、自傲、封闭以及逆反。产生自卑感的原因是多方面的，就主观因素来说，主要有：不能正确地面对现实。大多数大学生在中学时期是学习尖子，受到老师与家长的厚爱和同学的羡慕，自我感觉良好。进入大学后，人才济济，大家各方面一律平等，一切从零开始。从鹤立鸡群变成"平庸之辈"，部分大学生对这种地位的变化和心理落差产生了自我评价失调，造成自卑心理。自卑也可以是不合理的自我评价造成的。美国心理学家埃里斯的 ABC 理论认为，一些负性的情绪体验如自卑、抑郁、焦虑等都是个体对事物的某些不合理的观念造成的，现实很难满足一些不合理的期望和要求。当现实与它们发生矛盾时，个体便会产生以偏概全、消极的、不合理的自我评价。有的大学生常因某事不如意而过低地评价自己甚至是否定自己，认为"我没用了，我什么事都做不好"。

2. 焦虑

焦虑是一种伴随着某种不祥预感而产生的令人不愉快的情绪，是一种复杂的情绪状态。它包含着紧张、不安、惧怕、烦躁、压抑等情绪体验。许多人说不出自己焦虑的原因，但研究已经表明，事情的不确定性是产生焦虑的根源。焦虑可划分为三类：一是神经性焦虑。如当大学生意识到内心的欲望与冲突却无法控制时所发生的恐惧感。有时是无名的恐惧，有时是强烈的非理性恐惧。二是现实性焦虑。这种焦虑是由现实环境的压力与困难引起的，大学生自我无力应付。例如，无力参与竞争、期望过高、要求过严、社会文化差异过大等。三是道德性焦虑。这种焦虑是由社会生活准则引起的大学生对自我的责备与羞愧感，因唯恐犯错误或触犯不能逾越的规定，时常自责、受到罪恶感的威胁等。这三种类型的焦虑不是单一的，有时神经性焦虑与现实性焦虑混合起来，有时道德性焦虑与现实性焦虑混合起来，有时神经性焦虑与道德性焦虑混合起来，有时也可能是三种焦虑的混合。常见的引起大学生焦虑的原因有以下几方面：

（1）因适应困难而产生焦虑。这是大学生中比较常见的情况。由于生活环境和学习方式的转变，大学生对新环境难以很快适应，因而引起各种焦虑。对于那些入大学以前生活上的事都由父母包办，衣食住行都有人给自己安排，独立生活能力较差的学生来说，当置身于一个新的、不得不依靠自己独立安排生活的环境中时，常常因不知该如何做而产生焦虑情绪。

（2）学习上的不适应也是促使焦虑产生的原因。上大学后学生的学习方式由高中时期的被动的接受式学习转变为主动的学习方式，教师的授课内容较少，更多依靠自己课外的独立思考与学习。到了图书馆，又不知如何学起、无所适从，由于学习方法不得要领、学习成绩下降，一些大学生对以后的学习生活和前途感到忧虑不安，极个别的担心自己会完不成学业，陷入焦虑状态之中。

（3）考试焦虑是大学生中较常见、较特殊的焦虑情绪表现，即由于担心考试失败或渴望获得更好的分数而产生的一种忧虑、紧张的心理状态。考试焦虑一般在考试前数天就表现出来，随着考试日期的临近而日益严重。将对好成绩的期望降低到适当的水平，可以有效减轻考试焦虑。

（4）对身体健康状况过分关注而产生的焦虑。大学生因学习比较紧张，脑力劳动任务比较繁重，存在着一些可能使健康水平下降的因素，如失眠、疲倦等。对于那些过分关注自己健康状况的大学生来说，便有可能导致焦虑的产生。有些大学生身体任何指标都正常，但就是自感身体不舒服、终日无精打采，由此影响了学习。对于这种情况，首先就要正确认识人的脑力活动对健康的影响，合理安排时间，注意劳逸结合、增强体育锻炼，而不应该沉湎于对自身身体状况的过分关注，因为这有可能通过暗示作用使自身身体的各种不适感加重，从而加重焦虑情绪。

并非所有的焦虑都是病理性的，大学生的焦虑大多是正常的焦虑，即客观的、现实的焦虑。这种焦虑是一种比较普遍的情绪表现，有些比较轻微的焦虑往往会事过境迁，随时间延长而自动消失。适度的焦虑具有积极的作用，它能使大学生在各种活动和学业上表现出色，维持良好的人际关系；过分的焦虑可使人心情过度紧张，情绪不稳定，不能正确地推理判断，记忆力减退，以致影响考试成绩和人际关系。对于那些自己感到无法控制的、比较严重和持久的焦虑表现，或焦虑性神经症的表现，大学生应及时寻求心理咨询师的帮助。

3. 嫉妒

嫉妒是指他人在某些方面胜过自己引起的不快甚至是痛苦的情绪体验。其表现是：不能容忍别人的进步和优点，通过诋毁对方获得心理上的暂时平衡。嫉妒者不能容忍别人超过自己，害怕别人得到自己无法得到的名誉、地位等，在他看来，自己办不到的事别人也不要办成，自己得不到的东西，别人也不要得到。嫉妒作为自尊心的一种异常表现，在大学生中普遍存在，那些自尊心过强、虚荣心过盛、自信心不足、以自我为中心、认知有偏差、自控能力弱的大学生更容易产生嫉妒，而且程度也较一般人更高。容易引起大学生嫉妒的因素主要有外表、成绩、能力、物质条件、恋人、运气等等。比如当看到他人学识能力、品行荣誉甚至穿着打扮超过自己时内心产生的不平、痛苦、愤怒等感觉；当别人身陷不幸或处于困境时则幸灾乐祸，甚至落井下石，在人后恶语中伤、诽谤。嫉妒是一种情绪障碍，它扭曲人的心灵，妨碍人与人之间正常真诚的交往，造成人际关系紧张，影响大学生的自我发展，大大降低学习的效率，可谓是损人不利己。因此，在交往中要减少自己的嫉妒心，同时要理解别人的嫉妒心。在他人面前尤其是不如意者和嫉妒心强的人面前采取谦逊态度，有时可以适当暴露一下自己的缺点和苦恼，这样不仅可以减少对他人的刺激，还可以引发他人的友谊。

4. 易怒

愤怒是当事物不符合自己的需要或愿望，心理受到挫折时的一种强烈的情绪体验。愤怒的引起决定于达到目的的障碍被当事人意识的程度。愤怒从程度上可分为不满、气恼、愤怒、暴怒、狂怒等。大学生正处于身心急剧发展、热情高涨、激情澎湃的青年时期，极易在外界刺激下引起愤怒情绪，甚至难以控制。比如，有的大学生因一句刺耳的话或一件不顺心的事而暴跳如雷；有的因人际协调受阻而怒不可遏、恶语伤人；有的因别人的观点或意见与自己相左而恼羞成怒；有的因暂时的挫折或失败而悲观失望，痛不欲生。如此种种遇事缺乏冷静的分析与思考，图一时之快、逞一时之勇的好激动、易动怒的不良情绪特点，在一些大学生身上时有体现。这种情绪对大学生是极其有害的。通常，当人发怒时，心跳加速，心律失常，严重时可能导致心脏停搏甚至猝死。此外，发怒会使人丧失理智，阻塞思维，导致损物、殴人甚至犯罪等许多失去理智的不良行为。

易怒与个性和生活经历有较大关系。易怒的人中胆汁质居多，这不是说别的气质类型就没有发怒的时候，而是因为他们更能自我克制，更少冲动。一些人成长在充满争吵的环境中，往往容易感染上易怒的脾气。一些缺乏良好教养的人，容易自制力不强，常常以发怒来应付外界环境。此外，易怒行为与一些人的错误认知有关。比如有些大学生认为发怒可以威慑他人，可以抵挡责难，可以挽回面子，可以推卸责任，可以逃避努力，可以满足愿望等等。然而事实上，易怒者总是事与愿违，所得到的不是尊严、威信，而是他人的愤怒、厌倦，甚至于使自己心绪不宁。

5. 抑郁

情绪抑郁的大学生的主要表现是：情绪低落、思维迟缓、郁郁寡欢、闷闷不乐、兴趣丧失、缺乏活力，干什么都打不起精神，不愿参加社交，故意回避熟人，对生活缺乏信心，体验不到生活的快乐；并伴有食欲减退、失眠等。长期的抑郁会使人的身心受到严重伤害，使大学生无法有效地学习和生活。抑郁是大学生中常见的情绪困扰，是一种感到无力应付外界压力而产生的消极情绪，抑郁就像其他情绪反应一样，人人都曾体验过。对大多数大学生来说，抑郁只是偶尔出现，时过境迁很快会消失。也有少数大学生长期处于抑郁状态，导致抑郁症。性格内向孤僻、多疑多虑、不爱交际、生活中遭遇意外挫折的大学生更容易陷入抑郁状态。

在大多数情况下，大学生的抑郁情绪都可找到较为明显的精神因素的影响，主要表现为学习成绩落后、失恋、人际关系不和谐以及其他有关的负面生活事件的影响。然而，失恋或学习上的失败是大多数学生都可能遇到的情况，并不是每个人都会产生如此强烈的抑郁情绪反应。一些大学生产生抑郁是由于对一些负面事件的不正确认识，以及因此而对自我价值的不合理评价。

6. 压抑

压抑是当情绪和情感被过分克制约束，不能适度表达和宣泄时所产生的内心体验，它混合着不满、苦闷、烦恼、空虚、困惑、寂寞等多种情绪。有时候，人们知道自己在压抑什么，但更多的人常常不知压抑来自何方，更不知如何消除压抑。处在压抑、苦闷状态中的大学生常常表现出精神萎靡不振，缺少青年人应有的朝气和活力，对生活失去广泛兴趣，不愿主动与人交往，感觉迟钝、容易疲劳，不满和牢骚多等。长期严重的压抑极易导致心理障碍。

大学生思想活跃、兴趣广泛、精力充沛，无不渴望体验丰富多彩的大学生活，但现实中的生活却是繁重的课程、激烈的竞争、沉重的考试压力和单调枯燥的业余生活，于是乏味、压抑感油然而生。大学生自身的心理、生理和社会性发展中的矛盾性特点，也是产生苦闷、压抑情绪的重要原因。比如，一方面他们强烈地希望与人交往，得到理解和友谊，体验爱情的甜蜜，另一方面由于自我评价不当、认识错误、缺乏交往能力等原因，使得他们在交往中畏葸不前甚至自闭自锁，感情无处寄托，体验到郁闷、痛苦、压抑；又如因性欲望、性冲动被社会规范约束而产生的压抑感，等等。此外，大学生受不良社会风气和现象的冲击而产生的困惑、迷惘，以及个性上的缺陷，如固执、刻板、退缩、过分敏感等，都易使其产生情绪困扰，若不及时调适、宣泄，长期累积也会造成压抑感。最后，大学生在交往过程中，过分注重对方的感觉和需要，以对方为中心，不敢说出自己的真实想法和意见，以为这样可以很好地维护友谊，长此以往也会使自己感到很压抑。

7. 孤独

孤独是当个人感觉到缺乏令人满意的人际关系，自己对交往的渴望与实际水平产生差距时而引起的一种主观心理体验，常常伴有寂寞、孤立、无助、郁闷等不良情绪反应和难耐的精神空落感。心理学研究表明，相当一部分大学生感受到孤独感。大学生孤独感的出现，与其身心发展特点及所处环境有关。大学生正处于青春时期，他们的心理发育成熟使他们迫切需要朋友等多种社会人际关系和情感来满足自己的心理和生理需求，然而其封闭心理又使他们的人际关系受到心理自我保护干预，给自己设置与周围正常交往的心理屏障，加之性格、社交能力不足等影响，以及现代社会的激烈竞争性、新的学习课程、考试和学习压力及离家求学等因素影响，妨碍了他们对于人际、情感需求的满足，从而诱发孤独感。

（五）就业问题

1. 自卑自贱，封闭自我

有的毕业生因自己生理或其他原因，担心别人瞧不起自己，进而自我否定，自我封闭，不敢走向求职市场。如有的毕业生认为自己个子矮或来自闭塞的农村而自惭形秽，有的毕业生认为自己眼睛近视或外形不好而不敢与人交往等。这些自卑心理严重影响毕业生的求职择业。

2. 缺乏自信，依赖他人

有的大学毕业生对于求职一事总是忧心忡忡，担心失败，明明是自己理想中的工作，可是一看到求职者众多，就打起退堂鼓，连尝试一下的勇气也没有；明知求职要靠自己去"推销"自己，可就是没有勇气跨进招聘单位的大门。有的大学毕业生依赖家长、依赖亲朋好友，在洽谈会上，由父母或亲朋好友代替自己同用人单位洽谈，把命运交给别人来决定。有的大学毕业生一面试就面红耳赤，手足无措，回答招聘者的提问也是语无伦次。凡此种种都是缺乏自信，缺乏对自己正确的、全面的认识所致。

3. 缺乏主动，盲目从众

从众心理是我们日常生活中常见的一种现象，大学毕业生在求职择业时也往往会出现这种情况。一些学生在求职现场热衷于热门职业，热门职业应聘的人数越多，他们对热门职业的渴求就越大；也有的毕业生看到别人都去大城市或经济发达地区择业，自己就跟着效仿。这部分毕业生缺乏对自身的客观认识，没有"量体裁衣"的求职意识，把自己限制在狭窄的求职道路上，因一叶障目之势错失不少就业良机。

4. 犹豫观望，徘徊不定

世界上没有完美的工作，任何工作都是有利有弊的。在双向选择时，瞻前顾后，犹豫观望，徘徊不定，前怕狼，后怕虎，这山望着那山高，该拍板时不敢拍板，即使作出一个决定，也还忐忑不安，顾虑重重，别人一旦说好，便沾沾自喜；别人一旦说不好，就后悔不已。这类毕业生缺乏对自己的清醒认识，对利害得失过分注重，往往会失去许多难得的良机。

5. 求稳或求闲心理

在就业形势比较严峻的情况下，有的毕业生不能从这一现实出发，一味求稳或求闲，人为地给自己的就业道路设置障碍。所谓求稳是指在选择职业时受传统思想的影响，试图从职业的稳定性出发而寻找有"安全保障"的工作；所谓求闲是指在求职择业中认为自己是大学毕业生，是知识分子，而追求舒适、清闲、安逸的工作，宁可待业也不干"艰苦"的工作。这样的毕业生往往是毕业后便失业，仍然依靠父母供养。

6. 孤芳自赏，好高骛远

有些毕业生在择业时，认为自己无所不能，社会上的所有工作都能胜任，因而在求职择业过程中自傲清高，挑三拣四。如在目前毕业生求职倾向中有"三高"，即"起点高、薪水高、职位高"。有的毕业生还有攀比心理，认为自己比别人强，所以选择职业不能落后于人，对工作的具体要求有"六点"，即"名声好一点、牌子响一点、效益高一点、工作轻松一点、离家近一点、管理松一点"。这是一种明显的贪图安逸、追求享乐、怕吃苦的表现。其就业思想中带有明显的功利动机、享受动机、求名动机。如此追求"三高""六点"在就业过程中必然会碰壁。究其原因，一是脱离社会，对社会缺乏认识；二是过于依赖自我感觉，而对自我理性认识不足。在人才竞争异常激烈的今天，毕业生应该使自己与社会发展要求保持一致，从实际出发，与时俱进，树立自强、自立、自信的意识，根据社会需要和自身条件，既不自负也不自卑，充分发挥自我优势，正视自己的不足，通过"双向选择"寻求自己理想的职业。

7. 怨天尤人，认为生不逢时、怀才不遇

"包分配"是20世纪80年代人才紧缺时的国家分配政策，对于目前的大学生来说已是"过去式"了，有人曾形象地比喻：在求职的道路上，没有人会主动向你说"请"字，你必须使劲地敲门，直到有人来给你开门为止。而有些毕业生还是没有明白这个道理，面对求职的艰辛，怨天尤人，认为自己生不逢时、怀才不遇，在郁闷、抱怨中打发日子，而不是发挥自己的主观能动性，适应形势变化，主动地走进求职市场。

二、大学生心理健康问题的成因

目前，我国各方面都处在快速发展阶段，大学承担着为社会培养各方面都得到全面发展的人才的历史使命。而正是在这样的大环境下，大学生因为其特殊的社会地位和特点，出现了很多心理健康问题。心理健康教育在我国才刚刚起步，目前为止也只有30多年的发展历史，虽然现在发展热度很高，也在某些方面获得了经验和成就，但是就心理健康教育的需求来看这是远远不够的，这种现象使心理健康教育这一被社会各界都看得极为重要的领域还远远没有发挥出它培养大学生心理健康素养的作用。目前，我国大学生心理健康问题的成因主要有以下六点。

（一）地区差异大，各高校发展不平衡

我国地域辽阔，各地经济发展水平和文化活跃度有很大差异，使得心理健康教育的发展在机构设置、资金投入、工作开展程度等方面表现出了比较大的地区差异。在经济比较发达的、文化活跃度比较高的地区，比如像北京、上海、浙江等地区，大学生心理健康教育开展得都比较早，已经有了多年的实践检验，并且已经取得了很多成果，但是对于其他经济并不发达、思想并不活跃的地区，特别是西部地区，针对大学生的心理健康教育的发展还处于起步阶段，甚至对这方面的了解还很不到位。即便是在同一个地区，也会因为各高校的重视程度不同，导致发展不平衡。有的高校对于大学生心理健康教育比较重视，而且积极地设立了专门的教育咨询机构，制定了比较完善并切实可行的发展战略，而且有资金以及教师资源的支持，在大学生心理健康教育方面发展得就比较快，质量也比较高；但是在有些高校，大学生的心理健康教育往往得不到重视，被边缘化，不仅没有建立起专业的教育咨询机构，在发展战略及规划的制定上很不到位也很不上心，而且资金以及教师资源的支持也不能跟上，心理健康教育活动被高高挂起，甚至安排一些毫无专业知识和技能的人员值班，只为应付上级检查，这一极不负责任的做法使大学生的心理健康教育得不到保障，同时其专业性也使人产生了极大怀疑，最终导致心理健康教育工作的推进举步维艰。

（二）教育者力量薄弱，专业化水平不高

强大的师资力量是保证高校有效开展心理健康教育的关键因素之一，同时也是这一教育工作开展的重要一环，此方面教师的职业素养直接影响着教育工作的质量。心理健康教育教师数量严重短缺，按联合国教科文组织规定，每 2000～3000 名大学生要配备 1 名心理健康教育教师，而目前在我国，一所学生数量超过万名的高校能够配备 2 名专业心理健康教育教师的都不多见，我国心理健康教育方面的师资力量配备还远远跟不上要求。其次是心理健康教育工作者专业素质普遍不高，高校心理健康教育工作基本上都是由一些德育、教育学教师和行政工作人员等兼任。"科班出身"非常少，有的是思想政治教师经过短期培养就成为心理健康教师，有的教师以前是辅导员、政工干部，甚至还有外聘的研究人员补充缺口的，这些心理健康教师大都不具备较强的专业素养，这方面的专业培训也比较欠缺，教师在开展心理健康教育的工作中很难发挥较大的作用，不能起到较好的效果。

（三）观念的错构，传统教育模式的束缚，教育形式单一化

我国长期受旧有的应试教育模式的影响，社会各界在评价一个学生是否优秀时，

总是将成绩放在第一位，而忽视了学生其他能力的培养。许多人要求刚入校园的学生要好好学习，考试要得 100 分，而对于他们完整的人格、核心素养的培养大都抛之脑后。这就使得很多学生在全面发展过程中出现了短板，造成心理素质不高，无法很好地适应社会的发展需求，产生了很多不同形式的心理健康问题。这种以"应试教育"为主的思维模式，使人安于现状，思维僵化，不能放眼世界，面向未来，面向现代化，导致心理健康教育意识淡薄、狭隘，手段陈旧落后，难免走形式化道路。我国的教育行政主管部门针对这一问题出台了许多改革举措，不断推进素质教育改革，但效果还不太理想，教育体制上还远远落后于心理健康教育所需要的教育环境需求。

心理健康教师"注入式""填鸭式"讲课方式令学生心生厌烦。由于传统教育模式的影响，老师们往往是按照现有的心理学教材按部就班地讲解系统化的心理学知识，结果学生接受的是大堆枯燥的心理学名词、理论，不能运用于现实生活中，出现了心理健康教育课程化。同时由于教师专业水平有限，一些从事思想政治工作的教师兼任心理健康教育工作，他们受自身专业的束缚和传统教育思想的影响，往往将心理健康教育理解为国家、社会对学生个人的思想政治素质、道德品质等方面的要求教育，对学生心理健康的发展性教育极为贫乏，往往出现心理健康教育德育化。

最后就是心理健康教育形式相对单一。在我国的很多高校，心理健康教育的形式主要就是开展心理咨询，而且中国高校的心理咨询基本特点都是被动等待型，缺乏主动性。但是大学生在心理发展的过程中具有独立性和封闭性的特点，遇到问题时往往选择向好朋友倾诉或自我消化，而不是寻求专业的高校心理咨询机构的帮助，主动寻找心理咨询意识薄弱。所以，单一被动的心理咨询模式根本很难解决大学生心理健康发展的实质需要。同时，很多高校大多会选择讲座、社团、选修课等方式来开展心理健康教育活动，由于缺乏一定经费，师生重视程度较低，往往流于形式，难以起到实质性的教学效果，更是无法满足大学生对于心理健康教育的需求。单一的形式使得教学内容无法得到有效的拓展，使得心理健康教育受到了极大的限制。

（四）大学生对心理健康教育的认识程度较低

有相当大的一部分学生表达了对心理健康教育的需要，这些学生往往在心理上存在不同程度的问题。但有些人片面地认为心理问题就是精神疾病，心理健康的治疗是医学领域的问题。而实际上心理健康状态可分为黑色区域、白色区域以及灰色区域，而大多数大学生存在的心理健康问题仅处于灰色区域，远远没有达到心理疾病的黑色区域那么严重。大学生的心理健康问题往往是由学业压力、就业压力、交际能力弱、情感困扰等引起的一些心理方面的小问题，而出现这些问题，就需要寻求心理健康教育的专业人员的帮助，运用专业方法引导自己的心理健康状态向良性和绝对健康理想的方向发展。专业人员的积极引导能够帮助大学生在学习和生活中重新建立健全的人格，学校心理健康教育工作有促进学生人格完善的功能。人格作为心理素质的重要组成部分，包括性格、气质、道德品质、信念等多方面的心理特征。心理健康者往往具有良好的心理特征，他们自我意识强，人生目标正确，人际关系和谐，适应能力强。大学生正处于心理急剧发展的关键时期，多元文化对大学生的知识结构、价值观念、人格修养、审美情趣等产生了诸多影响。因此广大学生应该深刻认识到塑造健全人格的意义，主动接受心理健康教育，令心理素质达到健康的标准。

（五）心理健康教育的条件得不到保障

我国高校的素质教育改革正在稳步推进，各个方面对大学生心理健康教育的重视程度越来越高，但硬件设备、师资力量缺乏，很多高校在教学活动中虽然开展了心理健康教育，但由于各方面的配套工作还没有很好地跟上，使得心理健康教育不能达到既定的目标。产生这种现象的原因有：一是重视不够，经费少或者落实不到位。部分高校对大学生心理健康教育的认识还停留在较低的层面，认为它是软指标，只要做到学生不出事、不走极端就行了，心理健康教育干多干少差不多。学校愿意花几十万、上百万建实验室、多媒体教室，甚至乐意花几十万举办一出晚会，但在心理健康教育上却往往舍不得投入，连基本的条件都不具备，心理咨询室简陋，心理测量软件硬件落后，不能及时更新，网上咨询徒有虚名。无硬件设备保障的情况下，老师们只好流于形式，使得心理健康教育形式化。二是师资力量缺乏，教师专业程度较低。三是制度不健全，机构设置紊乱，归属不清。部分高校由于缺乏有效的心理健康教育运行机制，有些成立了机构，但归属不清，有的归属学生处、团委，有的设在马列部、德育部，有的是行政编制，有的编制、级别都含糊不清。这给工作人员的工作量统计、考核评估、职称晋升晋级等都带来了不便。因为缺乏有效的运行机制，心理健康教育在实施过程中往往偏离正常的轨道。

（六）机构内部和学校之间缺乏沟通与交流

部分高校缺乏全员育人意识，认为心理健康教育就是心理健康教育中心的任务，是心理教师和思想教育教师的职责。因此，往往是成立心理健康教育中心，配备相关人员和设施后，学校便当"甩手掌柜"，由心理健康中心全面负责大学生的心理健康问题。由于全员育人意识宣传不够，学校其他部门、老师对这项工作了解不多，部门、老师之间协作意识不强，导致心理健康教育工作缺乏全员育人的教育环境，势单力薄。

心理健康教育网络不健全，心理健康教育中心和学校之间相互配合不够，缺乏有效沟通，部分信息不能及时反馈。比如中心未能及时与学校交流该校学生咨询的有关情况，院系掌握的第一手资料也不能及时为中心解决问题提供参考，两者之间缺乏有效的衔接，完全按个人的体会来开展工作，工作主观性和随意性很强，甚至出现"公说公有理，婆说婆有理"的现象，因此出现心理健康教育中存在各种各样的问题也就不足为奇了。

心理健康教育是一个系统工程，是全局性工作，必须有全面的发展规划，才能保证这项工作健康持续地发展。而在实施过程中，绝大部分高校都没有做到全面规划，这也说明了我们部分高校还没有把心理健康教育放到学校工作应有的位置，还没真正意识到这一工作也是培养人才的一个重要环节，于是出现了心理健康教育工作忽轻忽重的现象。出了问题大家才感到重要，平安无事时则可多可少，使得本应常抓不懈的心理健康教育变成了围绕高校稳定状况转的临时性工作。如果各高校在开展心理健康教育的过程中，能得到及时、科学的指导，有明确的发展规划，那么就可以避免很多误区，大大增强心理健康教育的实效性。

三、适时进行大学生心理危机干预

心理危机干预是指针对处于心理危机状态的个人及时给予适当的心理援助，使之尽快摆脱困难。

（一）心理危机干预的主要目的

（1）防止过激行为，如自杀、自伤或攻击行为等。

（2）促进交流与沟通，鼓励当事者充分表达自己的思想和情感，鼓励其建立自信心和正确的自我评价，提供适当建议，促使问题解决。

（3）提供适当医疗帮助，处理昏厥、情感休克或激惹状态。

（二）心理危机干预的原则

（1）迅速确定要干预的问题，以目标问题为导向，并立即采取相应措施。

（2）必须有其家人或朋友参加危机干预。

（3）鼓励自信，不要让当事者产生依赖心。

（4）把心理危机作为心理问题处理，而不要作为疾病处理。

（三）大学生常见心理危机及其干预

1. 躯体疾病时的心理反应

（1）急性疾病时的心理反应。

一是焦虑，病人感到紧张、忧虑、不安，严重者感到大祸临头，伴发植物神经症状，如眩晕、心悸、多汗、震颤、恶心和大小便频繁等，并有交感神经系统亢进的体征，如血压升高、心率加快、面色潮红或发白、多汗、皮肤发冷、面部及其他部位肌肉紧张等。

二是恐惧，病人对自身疾病，轻者感到担心和疑虑，重者惊恐不安。

三是抑郁，因心理压力可导致情绪低落、悲观绝望，对外界事物不感兴趣，言语减少，不愿与人交往，不思饮食，严重者出现自杀观念或行为。

（2）慢性疾病时的心理反应。

一是抑郁，多数病人心情抑郁沮丧，尤其是性格内向的病人容易产生这类心理反应，可产生悲观厌世的想法，甚至出现自杀观念或行为。

二是性格改变，如总是责怪别人，责怪医生未精心治疗，埋怨家庭未尽心照料等，故意挑剔和常因小事勃然大怒。他们对躯体方面的微小变化颇为敏感，常提出过高的治疗或照顾要求，因此导致医患关系及家庭内人际关系紧张或恶化。

干预原则为积极的支持性心理治疗结合药物治疗，以最大限度地减轻其痛苦，选用药物时应考虑疾病的性质、所引起的问题，以及病人的抑郁、焦虑症状。以癌症为例，如疼痛可用吗啡，抑郁用抗抑郁药，焦虑用抗焦虑药处理。

2. 恋爱关系破裂

失恋可引起严重的痛苦和愤懑情绪，有的可能采取自杀行动，或者由爱转恨，攻击恋爱对象或所谓的第三者。

干预原则为与当事者充分交谈，指出恋爱和感情不能勉强，也不值得殉情，而且肯定还有机会找到自己心爱的人。同样，对拟采取攻击行为的当事者，应指出这种行为的犯罪性质并可能带来的严重后果，防止其攻击行为。因此既要防止当事者自杀，也要阻止其鲁莽攻击行为。一般持续时间不长，给予适当的帮助和劝告可使当事者顺利度过危机期，危机期过后相当长一段时间内，当事者可能认为世界上的女人（或男人）都不可信，但这不会严重影响其生活，而且随着时间的迁延，这种观念会逐渐淡化。

3. 亲人死亡的悲伤反应（居丧反应）

与死者关系越密切的人，产生的悲伤反应也就越严重。亲人如果是猝死或是意外死亡，如突然死于交通事故或自然灾害，引起的悲伤反应最重。

（1）急性反应。

在听闻噩耗后陷于极度痛苦中，严重者情感麻木或昏厥，也可出现呼吸困难或窒息感，或痛不欲生呼天抢地地哭叫，或者处于极度的激动状态。

干预原则为将昏厥者立即置于平卧位，如血压持续偏低，应静脉补液。处于情感麻木或严重激动不安者，应给予帮助使其进入睡眠。当居丧者醒后，应表示同情，营造支持性气氛，让居丧者采取符合逻辑的步骤，逐步减轻悲伤。

（2）悲伤反应。

在居丧期出现焦虑、抑郁，或自己认为对待死者生前关心不够而感到自责或有罪，脑子里常浮现死者的形象或出现幻觉，难以坚持日常活动，甚至不能料理日常生活，常伴有疲乏、失眠、食欲降低和其他胃肠道症状，严重抑郁者可产生自杀企图或行为。

干预原则为让居丧者充分表达自己的情感，给予其支持性心理治疗。应减轻焦虑和抑郁情绪，对自杀企图者应有专人监护。

（3）病理性居丧反应。

如悲伤或抑郁情绪持续6个月以上，有明显的激动或迟钝性抑郁，自杀企图持续存在，并伴有幻觉、妄想、情感淡漠、惊恐发作，或活动过多而无悲伤情感，行为草率或不负责任等。

干预原则为适当的心理治疗和抗精神病药、抗抑郁药、抗焦虑药等治疗。

4. 重大经济损失

重大经济损失可使当事者极度悲伤和痛苦，感到万念俱灰而萌生自杀的想法，并进一步采取自杀行动。

干预原则是与当事者充分交流，分析其自杀并不能挽回已经发生的经济损失，只有通过再次努力才能重建生活。如果通过语言交流不能使病人放弃自杀企图，应派专人监护，防止当事者采取自杀行动。度过危机期后，当事者可能逐渐恢复信心，可能在一段较长的时间内有情绪低落、失眠、食欲降低或其他消化道症状，可给予支持性心理治疗和服用抗抑郁药。

5. 重要考试失败

对个人具有重要意义的考试失败可引起痛苦的情感体验，通常表现为退缩、不愿与人接触，严重者也可能采取自杀行动。

干预原则为对自杀企图者采取措施予以防止。发生这类情况的大多是年轻人，年轻人可塑性强，危机过后大多能重新振作起来。

▶▶▶ 第三节　大学生心理健康训练方法

心理健康工作以促进学生健康成长为最终目标，坚持教育为主、重在预防原则，增强学生心理调节、社会适应和挫折承受等能力，提高学生的心理素质，培养学生良好的个性心理品质，塑造学生健全的人格。心理健康训练的方法主要有意义寻觅法、心理自动调适法、认知调控法、活动调适法、合理宣泄法、放松训练法六种。

一、意义寻觅法

意义寻觅法是一种自我寻找和发现生命的意义，树立明确的生活目标，以积极向上的态度来面对和驾驭生活的心理自助方法。心理学家弗兰克认为，人是由生理、心理和精神三方需求满足的交互作用统合而生成的整体，生理需求的满足使人存在，心理需求的满足使人快乐，精神需求的满足使人有价值感。对生命和生活意义的探索与追求是人类的基本精神需要，人所追求的既非弗洛伊德所说的求乐意志，也非阿德勒所说的求权意志，而是追求意义的意志。而一些人在遭受生活挫折时常常会感到失去了生活目标，对生活的意义感到迷惘，出现"生存挫折"或"存在空虚"的心理障碍，表现出对生活的厌倦、悲观、失望或无所适从。弗兰克认为，人生的意义建立在精神层面的价值感的获得上。人生的意义感不是赋予，而需要寻找，意义寻觅法的核心就是要学会寻找失落的生活目标和价值，建立起明确和坚定乐观的人生态度。

人的健康心理需要精神层面的人生意义来支撑，这是因为：精神追求可以统领心智，使你关注未来的事情，忽略微小的心理波动，以良好的心态投入生活和工作之中。一些伟人，他们遇到的困难可谓不小，但在伟大的理想支配下，他们全身心投入事业，已经无暇顾及自己的心理苦恼。人有了精神追求，就有勇气面对各种困难，包括心理的痛苦。

二、心理自动调适法

人类在面临挫折时，常常会调动自身的适应机制，心理学称其为心理防御机制。心理防御机制力图减少焦虑的情绪，维持心理平衡，是个体自我保护的心理自动机制。心理防御机制的价值在于为个体寻找解决挫折更为积极、有效的方法提供时机。

常用的心理防御机制有压抑、投射、文饰、补偿、升华等。

（一）压抑

"压抑"是指当个人的欲望、冲动或本能无法达到满足或表现时，有意识地去压抑、控制或想办法延缓这种需求。个别患者对创伤性情境进行心因性遗忘，经他人提醒亦予以否认，此为心理防御机制压抑的结果。

（二）投射

"投射"是"攻击机制"的具体表现，是一种以己之心度他人之腹的现象，认为自己具有的不良习惯别人也必然拥有。

（三）文饰

文饰作用也被称为"合理化""理由化"，指的是个体的行为没有达到自己预期的目标或者不符合社会的价值标准时，为了减少自我因为挫折所带来的自责和焦虑，寻找各种合理的、社会能够接受的理由来维护自尊，或者达到自我保护的目的的一种心理防御机制。

（四）补偿

"补偿"是指当自己因本身生理缺陷或心理因素致使目的不能达成时，改以其他方式来弥补这些缺陷，以减轻焦虑，建立自尊心。

（五）升华

"升华"是指当一个人遭遇失败和挫折时，将无法实现的目标和理想转移到另一件更有价值的事业上的现象。

当然，心理防御机制需要我们正确认识，适时适度运用。应该看到有些心理防御机制只能起到暂时平衡心理的作用，并不能解决问题，心理健康的人在积极的意义上使用心理防御机制，而心理不健康的人总是依赖心理防御机制，其结果使适应能力日趋削弱、人格和心理发展受到影响。

三、认知调控法

心理问题常伴随着情绪反应，情绪反应产生于主体认识到刺激的意义和价值之后，对同一刺激，不同的评价将会引起不同的情绪反应，所以可以用调整改变认知的方法调控情绪反应和行为。认知调控法是指当个人出现不适度、不恰当的情绪反应时，理智地分析和评价所处的情境，理清思路，冷静地做出应对的方法。

认知调控的关键是控制与即时情绪反应同时出现的认知和想象。例如当人非常愤怒时，常会做出过激行为。如果此时能够告诫自己冷静分析一下动怒的原因、可能的解决办法，可使过分的反应平静，找到恰当的方式解决问题。认知调控法的原理在于认知对情绪有整合作用。认知和情绪分属于大脑不同部位控制，控制情绪的大脑是较原始的部分，控制认知的大脑是在情绪中枢之上发展的新皮质部分。大脑控制的情绪反应速度快，但内容较原始；皮质控制的认知反应稍迟于情绪反应，但其内容更显理智，能够整合情绪反应。

认知调控法在实际应用时可分为以下两步：首先分析刺激的性质与程度。人类情绪反应是进化选择的结果，有利于种族的生存与发展，是驱动我们应付环境、即刻反应的本能冲动，虽然伴有认知过程的结果，但即刻的认知往往笼统、模糊，其诱发的反应往往强烈。冷静分析问题所在，可以即时调控过度的情绪反应。其次寻找多种解决问题的方案，比较选择后择优而行。情绪引发的即刻反应往往是冲动性本能反应，很多问题都有多种可能的解决方案，寻找最佳方法至关重要，而思考是解决问题的前提。

四、活动调适法

活动调适法是指通过从事有趣的活动，以达到调节情绪、促进身心健康的方法。包括读书、写作、绘画、雕塑、体育运动、听音乐、歌唱、舞蹈、演戏、劳动等多种活动方式。活动调适寓心理治疗于娱乐之中，不仅易为人接受，而且易于操作，可以广泛地运用于一般性的心理不平衡和轻微的心理障碍。活动调适法的实质在于用活动的过程来充实空虚的生活，用活动中获得的愉悦来驱散不良的情绪，因此应随时把握利用活动中所提供的有利机遇、信息去发现问题，改变错误的认知，调适不良的情绪，纠正不适应的行为，提高自信心。活动的种类要根据自身的文化程度、个人爱好、兴趣和实际条件来选择。

五、合理宣泄法

合理宣泄就是利用或创造某种条件、情境，以合理的方式把压抑的情绪倾诉和表达出来，以减轻或消除心理压力，稳定思想情绪。宣泄是种释放，其作用在于把压抑在心里的愤怒、憎恨、忧愁、悲伤、焦虑、痛苦、烦恼等各种消极情绪加以排解，消除不良心理，得到精神解脱，因此宣泄是摆脱恶劣心境的必要手段，它可以强化人们战胜困难的信心和勇气。无论是失恋、亲人亡故等很大的痛苦，还是惧怕某人、某种场合等难以说出口而实际上无关大局的行为，通过倾诉或用行动表达出来，实际上是对有碍于身心健康的情绪状态进行自我调节，所以宣泄的过程也是人们进行心理的自我调整的过程。宣泄的主要方式有以下几种。

（一）倾诉

心里有什么问题和积怨，可以找同乡、战友、领导尽情地倾诉出来。倾诉对象一般是最亲近、最信赖、最理解自己的人，否则就不能畅所欲言。在倾诉的过程中，可能因情绪激动、过度悲伤等因素，说话唠叨、词不达意、语言过激甚至发牢骚，对此要给予理解、同情和安慰，并适时予以正确引导。

（二）运动

运动是缓解消极情绪最好的良药，有了消极情绪，不要闷坐在房子里，不如到室外去打打球、跑跑步或爬爬山，呼吸下新鲜空气，让怒气和痛苦随汗水一起流淌，心情就会开朗起来。

（三）书写

用写信、写文作诗或写日记等方式，使那些因各种原因而不能直接对人表露的情绪得到排解。比如写日记，自己对自己"说"，想"说"什么就"说"什么，没有任何心理压力，许多不良情绪就在字里行间中实现了自我化解。

（四）哭泣

流泪也是一种宣泄，无论是偷偷流泪还是号啕大哭，都能将消极情绪排泄出来，从而不愉快的情绪得到缓解，减轻心理压力。

六、放松训练法

放松训练法是为达到肌肉和精神放松的目的所采取的一类行为疗法。人的生理活动与心理活动密切相连，放松训练就是通过肌肉松弛的练习来达到心理紧张的缓解与消除。研究证明，放松训练所导致的松弛状态，可使大脑皮层的唤醒水平下降，通过内分泌系统和植物神经系统功能的调节，使人因紧张反应而造成的生理心理失调得以缓解并恢复正常。放松训练对于缓解紧张性头痛、失眠、高血压、焦虑、不安、气愤等生理心理状态较为有效，有助于镇定情绪、振作精神、恢复体力、消除疲劳，对增强记忆、提高学习效率、增强个体应付紧张事件的能力也有一定效果。

放松训练的方法有许多种，这里简要介绍五类简便易行的放松训练法。

（一）想象性放松

在做想象性放松之前，应先让训练者放松地坐好、闭上双眼，然后给予言语性指导，进而由他们自行想象。常用的指示语："我静静地俯卧在海滩上，周围没有其他的人，我感受到了阳光温暖的照射，触到了身下海滩上的沙子，我全身感到无比的舒适。微风带来一丝丝海腥味、海涛在有节奏地唱着自己的歌，我静静地、静静地谛听着这永恒的波涛声。……"在给出上述指示语时，要注意语气、语调的运用，节奏要逐渐变慢，配合对方的呼吸。

（二）一般身心放松法

常用的身体放松的方法有做操、散步、游泳、洗热水澡等，常用的精神放松的方法有听音乐、看漫画、静坐等。

（三）精神放松练习法

就是通过引导注意力集中在不同的感觉上，达到放松的目的。比如可以指导训练者把注意力集中在视觉上：静心地看着一支笔、一朵花、一点烛光或任何一件柔和美好的东西，细心观察它的细微之处；集中在听觉上：聆听轻松欢快的音乐，细细体味，或闭目倾听周围的声音；集中在触觉上：触摸自己的手指，按按掌心，敲敲关节，轻抚额头或面颊；集中在嗅觉上：找一朵鲜花，集中注意力，微微吸它散发的芳香等。也可指导训练者闭上眼睛，试着将生活中的一切琐碎和不愉快的事情忘掉，着意去想象恬静美好的景物，如蓝蓝的海水、金色的沙滩、朵朵白云、高山流水等。

（四）渐进性肌肉放松法

在进行渐进性肌肉放松训练时，要注意选择不受干扰、温度适宜、光线柔和的房间或室外，让训练者坐姿舒适，然后引导他们想象最令自己松弛和愉快的情景，并在一旁用言语指导和暗示。指导语："坐好，尽可能使自己舒适，并使你自己放松。现在，首先握紧右手拳头，并把右拳逐渐握紧，在你这样做时，你要体会紧张的感觉，继续握紧拳头，并体会右拳、右手和右臂的紧张；现在，放松，让你的右手指放松，看看你此时的感觉如何；现在，你自己试试全部再放松一遍。再来一遍，把右拳握起来，保持握紧，再次体会紧张感觉；现在，放松，把你的手指伸开，你再次注意体会其中的不同。"以上方法同样适用于放松左手与左臂，接着放松面部肌肉、颈、肩和上背部，然后胸、胃和下背部，再放松臂、股和小腿，最后身体完全放松。

（五）深呼吸放松法

当在某些特殊的场合感到紧张，而此时已无时间和场地来慢慢练习上述的放松方法时，可以学习最简便的深呼吸放松法。这和日常生活中人们自我镇定的方法相似。具体做法是让训练者站定，双肩下垂，闭上双眼，然后慢慢地做深呼吸。可配合训练者的呼吸节奏给予如下指示语："一呼一吸一呼一吸"，或"深深地吸进来，慢慢地呼出去；深深地吸进来，慢慢地呼出去"。个体掌握这种方法以后，也可自行练习。

思考题：

    1. 大学生有哪些常见的心理健康问题？

    2. 合理宣泄法的具体做法有哪些？举例说明。